好品格
带来好成绩

景洋老师　　小菲老师

著

中国友谊出版公司

图书在版编目（ＣＩＰ）数据

好品格带来好成绩 / 景洋老师，小菲老师著 . -- 北京：中国友谊出版公司，2021.8

ISBN 978-7-5057-5238-2

Ⅰ . ①好… Ⅱ . ①景… ②小… Ⅲ . ①品德教育－家庭教育 Ⅳ . ① G78

中国版本图书馆 CIP 数据核字 (2021) 第 108715 号

书名	**好品格带来好成绩**
作者	景洋老师　小菲老师
出版	中国友谊出版公司
发行	中国友谊出版公司
经销	新华书店
印刷	河北鹏润印刷有限公司
规格	710×1000 毫米　16 开
	13 印张　135 千字
版次	2021 年 8 月第 1 版
印次	2021 年 8 月第 1 次印刷
书号	ISBN 978-7-5057-5238-2
定价	45.00 元
地址	北京市朝阳区西坝河南里 17 号楼
邮编	100028
电话	（010）64678009

前　言

我应该如何看待自己的孩子？

他在想什么？

我该怎样和他相处？

未来会是什么样子？

……

相信每一个父母在孩子出生的时候都会有这样的疑问。

看着孩子一天天长大，父母们多么渴望给他们一个健康、快乐、无忧的童年，但现实却常常让人陷入焦虑，一边是孩子一去不复返的童年时光，一边是繁重的课业和日常一些大大小小的教育冲突，也许你也在思考：父母应该怎么做才能真正地帮到孩子？

10 年来，我们在家庭教育经历中，从亲子冲突到师生矛盾，从行为异常到心理问题，帮助过无数的父母和孩子走出困境。我们希望让更多父母们重新看到希望的曙光，让孩子能够回归身心健康成长的道路。

妈妈的力量

去年的某个夏日，有个妈妈求助会面。她说总管不住自己的暴脾气，会去吼孩子，事后看到孩子的眼泪又后悔不已，但下一次遇到类似事件时仍然如此，自己非常痛苦、自责。她很怀疑自己，觉得自己不是个称职的妈妈，但看到孩子犯错又很抓狂。

我静静地看着她，午后，斑驳的阳光透过大玻璃窗洒在桌上的花束和她的头发上，像是染上一层金色的光晕，一切看上去都那么清新、美好，但在这位容貌姣好的妈妈脸上，却写满了纠结和焦虑。

我问道："你的孩子几岁了？"

她说："一个 6 岁，一个 8 岁。"

我说："都还这么小，为什么责骂呢？"

她说："经常是因为贪玩和不好好写作业。"

在那个时刻，我不想和她谈什么家庭教育的最新理念、心理学关于情绪管理的理论、儿童不同时期的发展任务等，只是温和地看着她讲了一段话：

责骂的背后最深层的动机也是爱，妈妈期待孩子变得更好。不过，当一个妈妈在责骂孩子的时候，孩子不会停止爱你，但他也许会停止爱自己。

这句话像闪电一样击中了她，这位妈妈愣住了，许久没有讲话，眼泪不断地流出来。我走过去，轻轻给了她一个拥抱。这是最简短的一个咨询。

4个月之后,她在一个300多人的女性会议中,主动走上讲台分享了这句话,告诉大家——从那时起,她再没有对孩子们和老公无缘无故发过一次脾气,她开始改变自己的语言和方式,并且发自内心觉得:我怎么这么幸运,我的孩子真的很好,我的老公对我也这么好!全家变得更加和谐、幸福,孩子更开心,成绩也在一次次上升。她说,这所有的改变都源于景洋老师的一句话。

其实,真正改变她的不是我的一句话,而是强大的"mother's power"(妈妈的力量)和内在的"一念之转"。每个妈妈的内在都深藏着这份力量,只要被唤醒,就可以实现和做到。

能够直接解决问题的才是属于自己的法宝

家庭教育的理念和具体做法会对孩子产生重大的影响,父母们出于对孩子未来的期待,也很关注教育问题,甚至愿意为了孩子去学习和改变。

然而,常见的困惑是:妈妈们学了很多教育理论,上了很多亲子课,家中教育类的书籍一大堆,但遇到孩子躺在地上撒泼哭闹、不写作业、偷玩手机,仍然不知所措,无处下手。瞬间,本能的力量就大过了学习的效果。就如同自己的教育百宝箱里堆满了先进工具,需要用时却连个合适的螺丝刀都找不到。

那么,有没有一些更为简单有效(同时背后又有理论支撑和实践印证)的好方法,让爸爸妈妈们无须去阅览很多大部头的教育书籍,就能清晰地知道日常问题所在,直接应用并取得效果呢?

在普遍重视成绩和学科教育的浪潮中，到底什么是支撑孩子不断持续努力而变得优秀的动力呢？

这本书就从这些问题出发，在多年的实践和大量的案例中，我们逐渐看清了品格素质和学业教育之间的关联：

孩子如果拥有良好的品格，学业往往就不会太差。对于那些学业差的孩子，深入分析其背后的原因会发现，很多都是欠缺品格的培养、没养成好习惯以及家庭亲子关系不合谐造成的。

通过在咨询、培训和教学中接触的实际案例，以及教师们的反馈，本书汇总整理出一些中小学常见的案例、典型痛点和需要重点培养的品质，又结合脑科学、发展心理学、积极心理学和正面管教等基础理论，进行了系统的分析和解答，希望可以帮助父母们掌握家庭教育的核心理论和实用方法，去解决常见的教育困惑。

在应用这些方法的过程中，有些家长重塑了家中冷漠、疏离的亲子关系，有些父母明白了孩子沉迷于游戏的症结所在，还有些家长把家中的"小学渣"通过游戏化的学习方式变成了班里的"小学霸"。

然而，我们相信，最令人惊讶的变化就是**这本书能让你一天比一天更爱孩子，更理解孩子。**

当孩子发生问题时，你不会再选择和问题站在一起为难孩子，而是坚定地与孩子站在一起，共同去面对和解决那些问题。

你会从迷茫走向智慧，修正以前错误的做法和观念，重新以客观、欣赏的眼光看待孩子、看待自己，对于做一个好父母这件事也会越来越有信心！

"以终为始"的教育观

如果能梦想成真，你希望孩子未来是个什么模样？过什么样的生活？

无论面对什么样的家长，我们都会先问这样一个问题——"你理想中的孩子是怎样的？"

有的父母会自然而然地说："我希望他每天很好地完成自己的事情，放学后认真写作业，不要那么贪玩！""我希望他很优秀，懂事，未来上一个好大学。"

可是说着说着，他们就开始考虑眼前的现实，眼睛闪烁的光芒越来越黯淡。"可他现在真的让我很头疼，一身毛病。""可是他现在厌学，在家玩游戏，每天关在房间里不出门。"

如果我们把眼光放得再长远一些，20年后，自己到底希望看到一个什么样的孩子呢？

在智慧妈妈课堂上，每次做关于"未来孩子"的画像时，几乎90%的妈妈都会写上善良、独立、责任、感恩、自律、友爱等，而成绩很少被最先列出来。大多数父母的期望是——**孩子能够适应未来的社会，而非只是一个学习的"机器"**，在咨询中提出的问题也大都是**关于孩子不良行为的矫正，品质和习惯的养成，社交能力的培养。**

其实，大家在反复自问和思考的过程中就能够发现，对于父母而言最重要的东西是什么。

只有立足长远，以终为始，父母才能不被各种教育流派、教育理念所迷惑，不被社会上其他家长们的情绪和焦虑所裹挟，并在这个过程中清晰地知道自己到底要什么，孩子到底要什么。

让我们倒过来看一看孩子的教育过程：一个人在社会上真正有所建树和站稳时，大概是三四十岁。那时父母希望孩子呈现一个什么样的事业和生活状态，则与孩子在 20 多岁走出大学校门时具备什么样的品格和能力密切相关。

而要想 20 多岁具备优秀的品格和能力，就需要父母在孩子小时候给予其合适的种子和土壤。

因此，只有当父母站在一生发展的视角上了解孩子各阶段的特点，才能更加深刻理解孩子和解决当下的问题，清楚地看到自己的哪些方式和语言是指向那个最终目标的，哪些是背离那个目标的。

不同年龄阶段的孩子，他们的特点和成长发展的重点任务也不同，在合适的时间段顺势而为，后面的阶段都以前面的阶段作为牢固的基石，未来孩子的道路才会走得更加坚实、广阔。

下面是我们倡导的教育观：

0~3 岁：怡。给孩子的心提供一个可以安放的温暖的平台，对孩子最重要的是爱的陪伴、安全感的建立和愉悦的情绪。如果这个时期缺失安全感，未来会需要用很大的代价去弥补。

3~7 岁：正。俗话说"三岁看大，七岁看老"，这个阶段是童蒙养正的时期。

最初的管教和引导在这个阶段进行——让孩子知道基本的规则和界限感，知道什么是对、什么是错，什么该做、什么不该做。智慧的家长会帮助孩子建立起清晰的规则，比如自我和他人之间的界限、自我保护、物权和分享等。

7~12 岁：蕴。小学阶段要把大量好的种子和智慧给予孩子，包括正确的三观、中国文化的传承、对科学的探索精神、对世界的求知欲，并且养成良好的品格和学习习惯，为以后做好准备。

12~18 岁：志和己。少年阶段，孩子应立志和客观认识自己，接纳自己。

如果这两个字做到了，青春期大概率会顺利度过，以后也不会平庸。而有的人，终其一生无法做到真正认识自己，无法客观评价并接纳自己。

到了 18 岁之后，孩子可以做自己喜欢的事情，担自己该担的责任，有自己未来钻研、热爱的方向，做终生的学习者，不断进步，修炼心性。在经历大千世界走向成熟的同时，学会自我反省。

当然，你也可以有自己的育儿观。只要是整体的框架思考得很清楚，并且能真正贯彻执行，请放心，孩子未来偏差不到哪里去。

所以，各位父母在陪伴孩子长大的过程中，一定不要忘记自己希望的"孩子未来的模样"，并和孩子开开心心地度过每一天的时光。

这些年，我们收到过很多爸爸妈妈们发来的喜讯和令人热泪盈眶的感谢。有的父母对教育孩子有了明确的方向，有的则成了孩子成长路上的得力帮手，有的正在用书中的理念和方法去影响身边其他的家长。

"真的没想到，这个丢三落四的熊孩子竟然也能认真起来。"

"多亏了您，本来我已经不抱希望了，但是现在竟然在孩子身上

重新看到了他的斗志！"

"是您救了孩子，要不是您的指导和帮助，儿子现在就真的离家出走了！"

"老师，太谢谢您了，孩子从倒数第五一次次不断进步，这次居然第一次考到了年级第三名，我和爸爸激动坏了！"

想要改变发生，什么时候开始都不晚。种一棵树，最好的时间是在 10 年前，其次是现在。

每一个孩子内在都蕴藏着巨大的宝藏和向上、向好的巨大能量。打开孩子的心门，指引他方向的那把金钥匙，就在爸爸妈妈的手中。我们确信，无论何时，只要您愿意，就可以重新找到它，智慧地使用它，去开启一个新的天地。孩子和整个家庭将会变得充满惊喜和不可思议的快乐。

现在，让我们一起踏上这条温暖又光明的奇迹之路吧！

目 录
CONTENTS

第三章　遇见有自信的孩子

第四章　遇见高情商的孩子

第一章

遇见有担当的孩子

让孩子学会认真——丢三落四的毛病怎么改

🅠 **家长提问**：我家孩子勇勇，现在上小学二年级。他的学习用品总是用着用着就找不到了，不光是笔和橡皮，有时老师刚发的作业本都会搞丢。

光红领巾都买了好多条，不是到校门口发现忘了带，就是自己不知道放到哪里去了，前几天收拾房间一下子找出来5条。这个丢三落四、忘性大的毛病，该怎么改呢？

看着这位妈妈一脸无奈的样子，景洋老师马上就想起了女儿桐桐在刚上小学那会儿的情形。有一次，她被选拔参加学校重要的活动，因为走得太匆忙，到了校门口才发现没有系红领巾，急得在门口跺脚，都快哭了。后来，正巧班主任老师经过，帮她解决了这个问题。放学后一进门，她就兴高采烈地说："妈妈，你知道吗？我今天好幸运啊！老师就像从天而降，解决了我的难题！"

这件事情引起了景洋老师的重视，下一次，老师会不会这么恰好就出现呢？物品管理能力虽然现在看起来是个小事情，长大后可不一定。

小到家庭事务、生活环境，大到工作时的秩序和条理，其实都和这个习惯及能力有关系。有经验的高管判断一个中层管理者的工作状况怎么样，往往也会从细节观察。比如：只要看看他的工作台和车子后备厢就知道了，是整整齐齐、清清爽爽，还是混乱一团、满满当当，基本就能知道个八九不离十。

如果现在孩子对于物品管理和承担责任没有概念，万一将来手里要掌握更大、更多的资源呢？

到那一天，可能丢的就不是文具，而是文件，不是红领巾，而是大额资金，那付出的代价和成本未免就太大了！

那么，这个问题背后的原因是什么呢？粗心大意？不爱惜物品？毛毛糙糙？都有，其中最核心的关键点是责任承担没做好，而且往往这个后果对孩子自己并未产生多大影响。唯有这次，桐桐有了印象较为深刻的体验。为什么呢？因为她切身感受到了那个"急"！

那如何能让孩子做好责任承担呢？下面是一些非常有效的做法：

1. 勇于承担结果

首先，父母要和孩子一起制定出规则。记住，一定是孩子参与制定并能够做到的，并把"承担结果"放在第一条。

当有类似事件发生时，先让孩子认真梳理当时自己是有意还是无意的。如果是可以避免的，那就自己承担；如果是意外发生的情况，那就由爸爸妈妈承担。这就叫划分清楚责任。

那么，怎么承担物品的损失呢？可以让孩子用自己的零花钱购买丢失的物品。

零花钱不够用，可以先向爸爸妈妈借，但有借就要有还，并写上日期——给予一点压力，让孩子以后尽量避免损失。

2. 图表法：上学日，前一天晚上做好物品准备

从书包到日常用品到衣物都尽量按照清单准备，避免第二天早上手忙脚乱、遗忘东西。

父母要和孩子一起制定物品使用管理习惯表，见表1-1：

表1-1　物品使用管理习惯表

类别	物品	例行检查				
		星期一	星期二	星期三	星期四	星期五
书包	课本由里向外依次靠背	✓				
	作业本由大到小挨着课本放，上面放文具盒	✓				
	其他（节日手工、手抄报）	✓				
日常用品	辅助教学工具（计算器、毛笔、水彩笔等）	✓				
	水杯	✓				
	特定的物品（礼物）	✓				
衣物	校服	✓				
	帽子	✓				
	红领巾	✓				
	胸牌	✓				

父母可以和孩子一起讨论，根据孩子的日常需要，将此表细化。

3. 在学校和家里，用过的文具及时收纳和清点

当然，孩子在初期一定会常常忘记，不过慢慢地就会形成习惯。
父母还可以和孩子一起编点顺口溜来记忆，比如：

尺子橡皮作业本，

文具课本全收齐，

我是整理好能手，

良好习惯小事起！

桐桐后来虽然还会偶尔丢一两样东西，但频次明显下降了很多。

其次，除了上面三条规则外，结合孩子的年龄段，还要做另一个
重要的引导，才能更加有效地推动解决问题的意愿。

4. 惜物的意义——物品到底是怎么来的

我们中国人自古以来就有勤俭节约的好传统，一般家长在家里也
会经常和孩子说：要爱惜物品，不能浪费！但很多孩子不太能听进去。
原因是什么呢？

其实，这个物品除了使用功能外，并未和孩子本人发生连接关系。
他只看到了物品的价格、外观、功用，并不了解这件物品是怎么做出
来的，怎么才能千辛万苦地到他手里。

希望家长们能带领孩子一起了解和探索，这样不仅能从思维认知
上达到爱物、惜物的目的，也能体验有趣的"走进科学"的过程。

以经常使用的铅笔为例，一支铅笔虽然只卖几角钱，但它是由 100 多种材料，历经 83 道工序，耗时 10 多天才制成的。如果父母带着孩子一起查资料、看纪录片，孩子会真切感受到，原来一个物品的价值不是超市货栏内的价格标签，而是凝结了很多人的辛勤劳动和付出，并且除了人的生产、运输、销售环节等，还有大自然的功劳。铅笔身是原木制作而成，大树的生长就需要很多年，要经历阳光雨露、寒风冰雪，有天地的滋养才能长大。

经历了这么多，这支细细的铅笔才到了自己的手上，这是多么神奇和美好的事情啊！

如果轻易把它丢掉了，它就失去了在世界上的价值，不能为学习知识提供帮助和服务，而是变成了需要处理的垃圾。那么，附之其上的那么多人的心血、劳动也就随之消失了，这又是多么惋惜的事情啊！

家长是不是需要每样东西都这么做呢？答案是：不需要。

父母的目标是建立起孩子对物品的理解和与这件物品的连接，进而自发地珍惜和感恩，担负起使物品"物尽其用"的责任。只需要选择一两个，把重点放在孩子的观念和认知的建立上，就可起到一通百通的效果。

笔者相信只要使用上面这些有效的方法，孩子的物品管理能力会逐步提升，在惜物和整理方面会逐渐形成好习惯，丢三落四的坏毛病一定能够改掉！

让孩子学会诚实——如何改掉撒谎的毛病

Q **家长提问**：儿子这两年经常撒谎，作业没写说忘带了，文具丢失说同学借走了。有时很小的事情随口就撒谎，我没少说他，他爸爸生气时也曾动手狠狠揍过他，但他就是改不了坏毛病。我既为儿子这样的不诚实行为感到愤怒，又找不到能解决的好办法。这样下去可怎么办呢？

笔者很理解这位妈妈的心情，和偶尔撒谎不同，孩子出现了习惯性谎言这样的行为，是绝大多数父母和老师都不能接受的。

陶行知老先生说过："千教万教，教人求真；千学万学，学做真人。"在品格教育中，诚实守信是一切的基础，直接关乎孩子未来的幸福度、人际关系和社会信用，是跟随人一辈子的无形资产。

那首先来科学地了解一下孩子为什么撒谎，以及这种习惯性撒谎的成因。

一、人类撒谎的动机

撒谎行为从表面上看似乎很简单，就是没有如实表达客观事实或真实想法，但背后的动机却是很复杂的。人们撒谎的原因大概可以分为三类：

1. 利他性谎言

比如，为了客气——"您穿这件衣服真好看"；为了集体——运动会上，"我可以坚持到底，一点也不累"；为了安慰——"不要担心，病很快就会好起来"。我们称这部分为"善意的谎言"。

2. 利己性谎言

人们往往不能接受的是撒谎者为了达到自己的目的，有意地扭曲真相，编造事实。这类谎言的心理动机通常有下面这几种：（1）自我保护；（2）谋取利益；（3）恶作剧；（4）夸耀和虚荣心；（5）报复他人。

3. 创造性谎言

常见于年龄小的孩子，在认知发展过程中的低幼阶段，孩子分不清想象和真实世界，会把头脑中的想象和客观存在的事物混淆在一起。

一些心理学家也认为，孩子在2~4岁学会撒谎是思维进步的一个表征；而8~12岁的孩子，经常撒谎则要引起品格教育方面的重视。

二、关于撒谎行为，父母首先要了解一些新认知

1. 儿童期撒谎现象很常见，是心智发展中的必经阶段

多伦多大学的心理学教授李康，带领团队花费了20多年研究儿童撒谎的课题。

他们发现：小学阶段儿童撒谎比例高达80%，随着年龄的增长，这一比例略有下降。所以，小学阶段孩子撒谎很常见，因为这属于心智发

展的必经阶段。所以，遇到孩子撒谎，父母不要过度反应，要正确引导，帮助孩子认识到撒谎带来的不良后果，树立正确的观念。

2. 纠正撒谎要靠培养孩子内在的道德约束力

成人能识别出儿童谎言的比例平均为 50%，无论他是否为孩子的父母。

我们习惯靠成人的经验和阅历来"拆穿"孩子的谎言，再去纠正这个问题。但其实这样做比较困难，而是应该培养孩子的观念，使其形成内在的道德约束力。

人的良知系统会自觉规范道德行为，内心强烈的罪恶感会抑制不诚实行为的发生。但当一个人撒的谎越来越多时，大脑产生的情感反应会随之变得越来越弱，随着大脑对这种行为越来越适应，慢慢会由小谎发展为比较大的谎言。

所以，父母一旦发现撒谎问题，不能置之不理，而要及时地去纠正，避免积重难返，成为习惯。

3. 奖励和惩罚不一定是培养孩子诚实的好方式

撒谎、欺骗行为背后的动因本来就是想得到好处或逃避惩罚，所以单纯采用奖励和惩罚并不能纠正孩子的撒谎行为。对数百名中国儿童的调查结果显示：奖励和惩罚会诱发小学生说谎和欺骗行为，并且对低、中年级影响较大，对高年级影响较小（内在道德约束力已逐渐建立）。

所以，我们在日常生活中会看到，惩罚越严厉的班级内撒谎的孩子越多。

三、如何有效纠正习惯性撒谎

我们用一个案例来说明：小轩周日没有去补课，和同学在公园玩了一个上午，回家却说自己去上课了，但辅导老师已通知过妈妈孩子缺课，结果妈妈狠狠骂了她一顿。

那么，下一次，小轩还会撒谎吗？我们来分析一下：

在这个案例中，假如：

A 说实话："想和同学玩，不去补课了"，肯定会被父母骂一顿。

B 撒谎：如果老师并未通知父母，那她的谎言就不会被发现。她会开心玩耍，并逃避学习，没有被责骂。

C 撒谎：被父母发现，被骂一顿。挨骂是和 A 一样的，但是多出了玩耍。

那么，两利相比取其重，两害相较取其轻，小轩会怎么选呢？

用小轩妈妈的处理方式，孩子不仅说谎的次数会增加，而且说谎的水平会越来越高。

下面是给父母的一些建议：

1. 营造宽松的家庭氛围，不要贴标签

撒谎的现象很普遍（包括成人在内），不能期待这种现象完全杜绝。只要不是上升到品格层面，造成严重影响自己和他人的后果的，就不必太揪住一个问题不放，不然孩子会用更多的谎来圆前面的谎。

就像上面的例子，小轩因为想要玩耍，所以对父母撒谎；另一方面也反映出孩子对于补课占用休息时间这件事存有异议，父母如果不能正视问题的根本，只揪住孩子撒谎这件事，是没有任何意义的，未

来可能还会有更多的谎言。

父母不能急于贴标签，做出人格评价或攻击，如"你就是一个爱撒谎的孩子！""你嘴里从来没有实话！"这些都是负面暗示语言，会强化不良行为。

2. 孩子不愿意承认错误时，不要严厉而要温和

有的父母会用责骂和吼叫来试图让孩子变得诚实，这是不可取的。美国儿童教育学家的实验结果证实：成人的追问越严厉，给孩子的压力越大，孩子就越不敢承认自己的错误，他们撒谎的概率就越大。

当孩子受到的外在威胁越大时，主动认错并选择"做一个诚实的孩子"的可能性就变得更低。

当父母温和而有原则，孩子承认错误并进行善后处理的意愿就会更强烈。

父母应以身作则，从点滴小事鼓励孩子讲真话。

"你要是这次期中考试考得好，我就给你买想要的礼物。"成绩出来了，孩子真的考了全班第二名，父母却以要继续努力为由拒绝了孩子，那么下一次当再用同样的方式鼓励孩子的时候，孩子当即表示"你骗人，再也不相信你了"。

父母的谎言会在一定程度上破坏亲子间的信任关系。比如，告诉孩子"打针一点儿也不疼"，孩子会感受到被欺骗，与其这么做，不如坦率地告诉孩子"打针有点儿疼，但是可以忍受"。父母的榜样作用非常重要，如果父母以身作则，孩子身边的人不说谎，孩子也会潜移默化地受影响，往往也不说谎。

3.强化孩子内心的道德守则

少讲道理、少唠叨，多使用启发式提问和换位思考，当孩子内心的道德守则被强化后，撒谎行为自然会减少。

故事和经典对孩子的道德教化也有着积极的影响作用。孩子通过阅读其中的故事，感悟人物撒谎带来的各种不良后果，会树立正确的认知和行为习惯，过多的唠叨和说教反而会削弱道德感。

最后，值得一提的是诚信的约束不能仅仅来自外界，只有来自内在的自律和自身的道德追求，才是更长久的力量。

让孩子真正懂事——"不压抑自己"和"听父母的话"可以兼得

Q 家长提问：我家女儿从小就比较听话、乖巧，基本上家里人不让做的事情从来不碰。她经常受到其他父母的夸奖，拿来给自己孩子做榜样。

我看到网上有很多人说，懂事的孩子都是不敢真实表达自己的，长大后心理问题很严重。这让我心里很纠结，请问是这样吗？

这位妈妈说的这个问题存在一定的争议性。确实有不少心理学界的人士发表了很多文章，表达这样的观点：孩子太懂事，未来很可能不幸福，人格会分裂。

在网上有一个问答：那些懂事的孩子，快乐吗？这引起了网友们的热议。几千个回答里，绝大部分人认为是不快乐的，有很多人以自己的亲身经历和感受来印证这个观点。

他们给出的相同理由是，从小懂事的孩子都是压抑了真正的自己，迎合和取悦成人，活在他人安排的生活和世界里，背着懂事的枷锁，心灵受到束缚，不敢独立和抗争。

在这个问题上，笔者接触过大量的孩子和家庭，通过长期家庭教育的实践和广泛的调查后认为：家长是一定要教会孩子懂事的，因为孩子最终都要长大，进入社会；同时，懂事的重要前提是真实比看上去美好更可贵。

家长一定要真正地深刻了解和懂得自己的孩子，看见一个真实的孩子是优质家庭教育开启的基础。

一、区分"懂事"与"过分懂事"

孩子应该懂事还是顺应天性？不能简单地回答是或不是。看似矛盾的两个选择，实际上内在是统一的。父母的教育目标是什么？未来想培养出一个什么样的孩子？对于作为个体的孩子来讲，什么样的方式最适合他，最有利于他进步和成长？

笔者曾经见过不少"懂事乖巧"到让人心疼的孩子，他们总是小心翼翼地看成人的脸色，即使自己心爱的玩具被妈妈强行送给了小伙伴，眼泪在眼睛中打转，也不敢表达不满。也曾见过更多"混世魔王"一样的儿童，社会上还有个特定称谓叫"熊孩子"，稍不如意就在公共场合撒泼打滚，号啕大哭，或者强行抢走别人的东西。成人聚餐时，有的孩子把餐桌上的转盘转得飞快，把喜欢吃的直接端到自己面前霸占。

那么，这两种孩子是不是也是大家生活中常见的呢？在笔者看来，教育方式都有一些问题，尤其是后者，父母更需要去反思自己的教育过程，以及警惕孩子长大之后有可能出现的不良后果。

因此，父母们需要教育孩子诚实、懂事，这样孩子未来可以很好地融入集体和社会，成为一个受人欢迎的人；也要避免矫枉过正，从小管得太多、太细，过于强势和控制，会扭曲孩子的个性发展，造成心理上的一些怯懦、退缩和压抑情绪。

二、判断懂事与过分懂事的标准

怎么去判断这个孩子是真的懂事，还是被家长强行要求懂事和讨好呢？下面有个"HIPA"标准，家长们可以用它在生活中判断一下：

H（happy）：孩子是否经常表现出快乐及情绪稳定性。

懂事的孩子，因为能够真正去支持父母和他人，从而受到肯定，感受到自己的价值和力量。他们的内在放松自在，情绪是偏快乐和稳定的。而过分懂事的孩子，总是会表现出小心翼翼、有心事的样子，也会经常从乖孩子的隐忍状态一下子陷入负面情绪中，甚至崩溃。

I（independence）：孩子是否会有自己独立的态度和立场，不随意受他人影响而动摇。

懂事的孩子会体贴他人、为别人着想，同时对于事物愿意进行思考，有自己独立的态度、原则和立场，不会轻易受到别人影响。过分懂事的孩子很少会表达自己的想法，或者会直接或轻易放弃自己的想法，他们会根据情势变来变去，很不愿意做出需要承担结果的选择。

P（popular）：人际关系的受欢迎程度如何。

真正懂事、有同理心、乐于助人的孩子在人群中是受欢迎的，有很多好朋友和稳定的伙伴关系。而过分懂事的孩子，在人群中往往是被忽略和边缘化的，随时揣摩别人的心思，经常处于紧张的状态，比较拘谨，交际圈比较小。

A（alike）：人前与人后是否具有一致性。

懂事的孩子在父母、老师面前及成人不在场的情况下，所表现出的言行举止、情绪状态都是相对一致、稳定的。因为这样的品格是从内在发展出来的，不会因外界环境的变化而变化，也不会因特定的对象而变化。

过分懂事的孩子，目光总是追随着自己所要讨好的控制者和对象。当对象转变之后，内在的压抑就会表现出截然相反的行为和心理。比如，一个在老师面前非常听话、乖巧的孩子，可能对待同学时会非常无理和苛责；一个在外面人见人夸的女孩子，可能回到家中在没人时虐待自己的宠物。

三、过分懂事的心理成因

那些过分懂事的孩子，是什么原因造成了他们现在的样子？又该怎么避免呢？

1. 孩子的安全感可能不足

安全感不足往往可以追溯到幼儿期和婴儿期。例如，母亲陪伴和照顾时间不够、从小对孩子高要求、过分强调规则和细节、父母的情绪化等都是诱因。

安全感不足的孩子往往不能感受到来自父母的无条件的爱，他们潜意识里会对"父母是爱自己的"这个信念产生动摇和怀疑，在成长的过程中会不停地去验证和试探。他们接收到的信息更多是"我乖，我听话，爸爸妈妈才是爱我的；不乖、不听话的我是不值得爱的"。

因此，孩子为了争取到有利于自己成长的环境，会本能地用各种各样的行为有意地发出一些信号，告诉爸爸妈妈"我是听话的，我会满足你们的要求和期待"，希望来换取成人的关注和爱。有些大人从小也会对幼儿说一些很激烈的话，比如："你再不好好听话，我就不要你了！""你再哭，让送快递的叔叔把你抱走！"

用恐吓而不是教育来校正孩子的不良行为，无异于饮鸩止渴。

科学家发现，孩子处在压力的环境下，对周围的人和事会变得敏感多疑，不愿参加社交活动，安全感不足的这种心理压力会阻碍智力发展，影响学习成绩，最明显的影响是抑制求知欲和探索未知世界的动力。

2. 非正常亲子环境的孩子可能过分懂事

美国和新西兰心理专家的一项联合研究发现：父女关系会直接影响到女孩青春期发育，缺乏父爱以及父女关系紧张的女孩会表现出早熟。澳大利亚儿童研究项目"Growing Up in Australia"的报告指出，贫困家庭的儿童提前开始青春期的概率是正常和富裕家庭儿童的数倍。

当家庭生存环境存在一些问题时，孩子过早承担了压力和生活的担子，心理发展上趋于成人化，用期待快点长大换取更多的发展空间。

四、如何把握教养的分寸

首先请父母把自己的手举起来观察一下。每只手都有手心和手背，正如每个人都有缺点和优点，具有两面性甚至多面性。为何在日常父母们只能接受孩子好的一面，不能接受他们认为不好的一面呢？

手心和手背合起来才是一只正常的手，同时具有优点和缺点的人，才是一个真实的人的正常状态。

如果孩子在妈妈面前把妈妈可能不喜欢的那面深深地藏起，只敢展现需要的给妈妈看，那只能证明他在妈妈面前还不是真正的安全和诚实，还不是真正的开放和坦率。

一个真实的孩子比一个看上去美好的孩子更可贵！只有父母愿意深入了解和懂得一个孩子，接纳孩子真实的样子，无论美丑，不做评判和攻击，才能够知道孩子的障碍在哪里，他的渴望和需求在哪里。彼此之间的沟通才能真诚畅通、有效，父母才能有针对性地帮助他。

最后补充几点小建议，父母不妨经常自我觉察一下：

1. 是否愿意了解真实的孩子

父母是否愿意了解孩子的真实状态？花了多少精力和时间在孩子身上？

2. 日常关注孩子的方式

父母是否细心？是否体谅？是否换位思考？用眼睛、思维、语言还是在用心去看孩子？

3. 总结看见的方面

父母看到行为还是看到情绪，只看一面还是看到多面，优点还是缺点，内在还是外在？

4．允许冲突存在，接纳真实的孩子，鼓励其表达真实想法

父母能接纳完整的孩子，而不只是自己标准中的"好孩子"吗？

只要是孩子真实的表现和真实的想法，就应该被看见和得到尊重。然后，父母再和他一起去探讨想法或愿望，以及下一步有可能采取的行动。

让孩子爱上家务——每个孩子都能成为勤快的小能手

> Ⓠ **家长提问**：孩子五年级了，在家基本上什么都不做。将来总归自己要独立生活，我有时想让他干点活儿，爷爷奶奶总说"让他学习去，孩子还小，长大了自然就好了！"请问是这样吗？

人们总是对未来抱有美好的幻想和预期，却往往忘记了唯有当下的选择和努力才是通向未来的航线。

这个问题，还真不是这样的——长大了自然就好了，而是小时候懒惰、什么都不做，长大了就晚了！

父母或者老人常说：孩子，你只要好好学习，什么都不用管。当孩子长大后，父母又开始担心：孩子照顾不了自己，出去怎么办？

不爱干活的孩子，往往缺乏生活自理能力，一旦在外开始独立生活，可能会把生活环境搞得"脏乱差"。

一、学习和家务之间的关系

做家务的重要性是不言而喻的，比如能增强孩子的身体素质、责任心、家庭的归属感、观察能力、归纳能力、自信等。在本书里，重点指出的是学习和家务之间的关系。

1. 学习和做家务并不像父母想象的那样毫无关系

中国教科院曾对全国 2 万个小学生家庭进行过调查统计，认为"只要学习好，做不做家务都行"的家庭中，子女成绩优秀的比例仅为 3.17%；而认为"孩子应该做些家务"的家庭中，子女成绩优秀的比例为 86.92%。两者相差悬殊，高达 27 倍！

这个调查数据是不是很让父母们意外呢？

其实，两者之间的关系非常密切。孩子在做家务中体现的责任感、行动力、愿意付出和努力的心态，是在学业中支撑起好成绩的底层基础。在做家务过程中，感恩、体谅父母及家人，想办法做得又快又好，自己的事情自己负责等，这样的好习惯、好品格也会迁移到学习的过程中。

2. 和未来学业及生活的关系

做事的意愿、能力不仅和成绩有关系，也和未来上了大学后的"学业"是否顺利有关系。

媒体上有过报道：一名考生被重点大学录取，因生活自理能力差，没有信心离开家庭独立生活，只能放弃入学，选择复读考取本市的普通高校。还有一个大学生，开学前因不会洗衣服陷入焦虑，近百双袜子和几十条内裤塞满了整整一个行李箱。这样的"巨婴"案例让人大跌眼镜，哭笑不得。

当下的时代，已经进入了终身学习的快车道。错过了教导孩子勤奋努力付出、愿意干活的关键期——幼小阶段，将来一旦进入工作领域，在社会这个大学校内，很大概率上"学业"成绩会不及格。

恐怕到那时，输掉的就不是考试，而是前途了。

二、如何培养孩子成为家务小能手

下面是一些具体的方法，可以很快就把家里的"小懒虫"培养成"小能手"：

1.全家动员，特别是要和老人提前沟通好

有些家庭中，父母在费心、费时间教孩子做家务，转头爷爷奶奶就心疼孩子悄悄把活儿全干了，还帮孩子在爸妈面前打掩护。这样两边力量拉扯，孩子不仅学不会做家务，反而容易学会钻空子。

教孩子做家务，一定要父母双方理念达成一致，做好老人的工作，避免因"隔代亲"而阻碍计划进行。

2.家庭会议，创造氛围

做好沟通基础后，就可以尽快召开家庭会议了，创造一种"家庭建设，人人有责任，人人有事干"的良好氛围。爸爸妈妈要提前设计好流程，以身作则，主动带动氛围。

3.家务活分类，评估能力

由父母带领孩子一起进行头脑风暴，也可以由孩子来组织家庭成员进行。将日常的家务活进行列表和分类，每个人根据自己的能力和时间主动认领。

值得提醒的是，不要去和别人家的孩子比，也不要去盲目参照网上的小学生家务清单，要根据孩子和家庭的实际状况来进行，循序渐进，由易到难。也许过段时间，孩子的能力提升了，能承担的数量和类别

就要适时做些变化了。

4. 制作家务清单表格，鼓励行动

制作出日常家务清单表格后，就可以开始行动了，每天在清单上打钩和记录。

初期尽量全家人集体行动，父母陪孩子一起做家务，这样就能很快将孩子带动起来，并将个体的成果放大，比如大扫除后的屋子会焕然一新。在这个过程中，一定要有充分的耐心并保持乐观，不能急于求成。当孩子需要帮助或出错时，要教给他方法，而不是直接代替他来做。

一旦取得结果，要及时反馈和大力肯定，让孩子看到自己的劳动成果并获得成就感。

记住，成就感就是最大的内驱力，想方设法让孩子感受到成就感和责任感，孩子一定会成为做家务的重要帮手！

让孩子变得主动——如何激发孩子的自驱力

> **Q 家长提问**：我们非常清楚学习做事的重要性，但孩子总是在不断提醒之后才愿意去做，学习和干活都好像是给爸妈做的，不是自己应该干的事情，请问该如何培养他的主动性呢？

著名的教育家苏霍姆林斯基说过："给儿童以劳动的快乐、学习的快乐，唤醒隐藏在他们心中的自豪感，这就是教育工作者的一条金科玉律。"当一件事情从"家长想"变成"孩子想"，从"父母要"变成"孩子要"，就走上了内动力的快车道。

这个问题比较笼统，原因也很复杂，现在我们直接聚焦到解决方案的核心逻辑上。

抽离出兴趣背后的自驱力来看，有共同的四个要素，缺一不可：

- 我想要（意愿）；
- 我可以（被允许）；
- 我做到了（能力）；
- 我很棒（自我成就）。

有时还需要加上这一条：我不是一个人（同伴）。

那解决方案就要从这几点入手：

一、学习

1. 意愿：培养学习主动性，意愿先行

如果孩子暂时做不到事事主动，时时主动，可以先从一些小的点切入，从他喜欢的学习科目开始，慢慢扩大胜利成果。比如，培养孩子爱上阅读，不妨先从浅一点的故事读物甚至小笑话开始。

2. 方法：帮孩子找到有趣有效的学习方法

有时，孩子是愿意学的，只是在一些知识点上遇到了拦路虎，被困难挡住，感到气馁而放弃。父母要和孩子保持良好的沟通，允许孩子按照他的节奏进步，让孩子真正参与到学习过程中，搞清楚问题出在哪里，帮助孩子一起想出适合他的解决办法。

比如，孩子做乘法计算经常出错误，不要只是逼迫孩子不停地背口诀，可否试试用扑克牌抢答、玩转乘法卡等游戏的方式呢？

3. 效能：单位时间内又快又好，行动有显著结果

孩子养成良好习惯后，帮助他不断提升效能，可以先从小任务开始。父母应关注其完成任务是不是又快又好，同时不再给他增添新的任务，孩子就会看到自己只要努力就会产生正向的结果，从而建立自信和满足感。

4. 能力：及时反馈和奖励机制，达成自我肯定

前面已经数次提到及时反馈和奖励的重要性，这个奖励不要只理解为物质上的，比如给孩子购买一套书籍、喜爱的玩具等，更有效的

奖励是精神上的，比如一个肯定的拥抱、一句鼓励的话语、正向的"贴标签"（你是个努力的孩子，你又一次非常认真、快速地完成了作业）等。

5. 伙伴的正面影响

现实中和书籍中的人都可以作为伙伴，比如放学后可以约好朋友一起回家，写完作业后共同玩耍；父母也可以在书籍和故事中找到孩子的榜样，使其变成陪伴他的虚拟伙伴，给予影响。

二、做事

我们可以把事情分为两类，第一类是新事情，第二类是重复的旧事情。

对于孩子没有学习过的事情，家长认真考虑、充分准备后（这个前提非常重要！）可以按照下面的顺序来完成，非常有效。

1. 我先做到

希望孩子学会的事情，父母先做到；希望孩子养成的好习惯，父母先具备。

2. 我做你看

父母亲自示范，边做边讲解，孩子在旁边认真观看。

3. 教会你做

再来一遍，父母仍然边示范边讲解，孩子跟随一起动手做。

4. 你做我看

父母停下手，在旁边观察和指导，让孩子独自实践，中间发现问题随时指出，或者重新教一遍，直到确认孩子能够独立完整完成。

5. 无须监督协助

这就是家长们期待的一种理想状态。孩子做的时候连看都不用看，也不用协助，因为知道孩子可以做得很好，孩子也自信满满，能够圆满完成。

经过这样系统、长期的做事训练的孩子，不仅在家里是父母的小帮工，在学校里也是老师的好帮手。他们愿意为他人帮忙，遇到问题总会主动挺身而出，做事时也显得比较能干，在同龄人中很出色。有些孩子上了高中后甚至会全校闻名，校长点名赞赏。

对于之前就已经会做的需要不断重复的事情，比如练字、洗碗等，孩子有可能在新鲜劲过去后的某个阶段进入枯燥期，不愿做，父母可以耐心陪伴他一起做，用鼓励和坚持带领他度过枯燥期，直到形成良好自然的习惯为止。

未来，主动做事、学习的孩子，一定会大大减轻父母管理、督促的时间和精力成本，得到全方位的发展和综合能力的极大提升，成为脱颖而出的佼佼者。

让孩子变得靠谱——如何改掉做事毛糙的毛病

> Q **家长提问**：我的孩子12岁，是个男孩，他做事情特别毛糙，总是让人觉得冒冒失失的。让他去买瓶醋，没走到家就摔破了；写作业的字，像一堆乱草；洗衣服随便一揉就算了，晾干还是脏兮兮的……这种做事毛糙的习惯，该怎么改变？

这个现象非常普遍，特别是在男孩子中。不仅是家长对此发愁，教师们对此也比较头疼。

一、区分不同特质的孩子

我们要澄清两个问题：孩子毛毛糙糙是天生的吗？和遗传有关还是和后天的教养方式有关？

在心理学上认为，人的气质类型是天生的，而人的性格是在社会生活中逐渐形成的。两者一旦形成，基本是比较稳定的，同时，由于环境和行为训练方面的影响，二者也存在一定的可塑性。

通常，人的气质类型分为胆汁质、多血质、黏液质和抑郁质。前两种特质的人行为外向，注意力容易分散，兴趣多变，直爽热情；同时缺点在于做事的精细化和稳定性不足，不经过一定程度的训练很难做到。后两种特质的人，兴奋程度弱，敏感内向，做事踏实、认真、仔细，但容易循规蹈矩，人际交往和处理问题时的灵活性偏弱。

家长需要关注的是，气质类型并没有好坏之分，每种气质都有自己的优点，也有缺点。

父母其实对自己孩子的气质类型是比较了解的，但了解的同时又往往不经意间陷入另一个误区：忽视不同孩子之间的个性差异，期待所有的优秀品质都在自家孩子身上呈现。比如既谨慎小心又果敢进取，既沉静内敛又热情奔放等，这其实是违背自然发展规律的。

除此之外，还有另外一个误区：忽视了培养和训练，经常直接拿孩子个性中的缺点和其他孩子个性中的优点进行随意比较。"你看×××，多么认真、仔细，你怎么就做不到呢？"这就类似于既想拥有长颈鹿高高的个子，又要具备美洲豹迅捷的身姿和奔跑的能力，结果把孩子搞成了"四不像"，既成为不了别人期待的样子，也做不成最好的自己。

讲到这里，对于孩子的气质类型和性格养成，家长应该已经有更多了解和清晰的辨别能力了。

二、区分不同的事情

判断一个孩子是否需要行为个性上的纠正，那就要先在生活中进行认真观察，把不同的情况区分开来。

第一种情况是孩子在一些特定的事情上毛毛糙糙，要分析这些特定的事情背后有什么关联。

比如，孩子在拼插大型乐高玩具时，能保持长时间的专注并且做到聚精会神，但是在写作业时却潦草应付了事，坐不了一会儿就站起来走动，在课堂上也如此，那就不能简单地下判定——这个孩子是多动浮躁类型和注意力缺失，而是孩子还未建立起对学习的兴趣和良好的学习习惯。

再比如，孩子对待他人的物品很粗心，时有损坏情况发生，对自己的物品却很珍视，那也是要划归到另一个范畴的问题了。

第二种情况是孩子在大部分事情上浮躁和毛糙，要寻找背后的原因是什么。

和前面勇勇妈妈提出的丢三落四的问题相似，对待事情不认真、不负责，其中重要的一个原因是这件事情的结果和孩子没关系。孩子在日常生活中没有承担结果的体验，自然也就不需要为此负责。

此外，有些家长的过分催促，凡事求快的作风以及自己本身就爱着急的性格，也会对孩子产生影响。

三、行为矫正

经过一番观察辨别后，如果孩子身上确实存在一定的问题，父母该如何调整、纠正孩子的浮躁和毛糙，培养出靠谱的人呢？

1. 承担相应行为的结果

承担结果在上一节已经详细阐述过，这里只补充一点：尽量以承担自然结果为主，减少人为结果的干预。

意思是，当事情发生后，父母要减少人为的批评、唠叨、惩罚、说教等，而是让孩子用面对客观现实的方式来承担责任。比如：

- 东西不小心洒到了地板上，那么就需要孩子自己清理干净。

- 因玩耍错过了吃饭时间，不要批评也不要加餐，让孩子面对要饿到下一餐的现实。

- 不小心撞到了他人，那么就需要孩子自己道歉，并忍受别人的不满。

- 衣服堆了很多没有洗，不必不断提醒，让孩子承担找不到干净衣服穿的后果。

2. 从生活中某一确定的事情入手，用清晰的 PDCA 法来明确标准和结果

在生活中，除了显而易见的结果外，大多父母和孩子就结果好坏的分歧往往在于标准不一致。

在科学研究中，进行一个实验之前，科学家都要对实验的步骤下一个"操作定义"[①]，我们可以借鉴一下这个概念。

在做事和下达指令之前，家长有没有和孩子去明确事情的目标、步骤、结果以及期待他完成的时间呢？如果没有，那就只是一个模棱两可的指令和要求。

拿案例中的男孩来说，衣服干净就是一个模糊的标准，父母心中的"干净"和孩子心中的"干净"虽字形一样，内涵可能相差甚远。

有一次，一位妈妈告诉 6 岁的儿子，吃完午饭要打扫干净厨房。

———————————

① 指把抽象的可能存在歧义的含义，定义为可量化、可观察、可操作的标准行为和特征。

午休后她走进厨房一看，洗过的碗都堆在了水池旁边，台面上留着几块油乎乎的印迹，抹布带着一堆白色的泡沫搭在水龙头上。妈妈感觉到处都很凌乱，顿时很生气地说：你这个家伙，做事这么马虎、毛毛糙糙！儿子很诧异：妈妈，我是打扫过的啊！我洗了碗，扫了地，还把消毒柜里每个勺子的方向都摆一致了！

看到了吗？这就是妈妈的责任，只是交代了一下，没有给"打扫干净"下一个清楚的"操作定义"。

因此，妈妈期待的洗碗、抹桌子、所有物品归类、拖地、倒垃圾的标准，他并不知道，而他的标准中"摆放勺子"——他花费了很久才干完的工作——并不在妈妈认为的"干净"标准之内。

标准都不统一，怎么能判断孩子做事结果的好坏呢？

建立起"清晰的操作定义"的观念后，就可以使用 PDCA 的法则（如图 1-1 所示）来纠正孩子的毛糙，保证好结果的出现概率了。

具体步骤如下：

（1）选择孩子经常出现的某一两件事情入手，不要多，先集中一件。

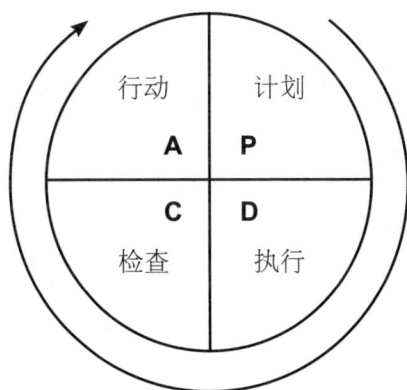

图 1-1　PDCA 法则

（2）P（plan）代表计划，包括目标的确定，以及准备怎么做。

（3）D（do）代表执行，根据思路进行具体执行，实现计划。

（4）C（check）代表检查，和孩子一起进行总结，明确结果，找出问题。

（5）A（act）代表行动，对结果进行处理，对成功的经验要加以肯定，并予以标准化；对失败的地方也要总结，以引起重视。

（6）没有解决的问题，在下一个循环中去解决。

相信经过几次循环和训练，孩子获得的结果会越来越好。父母在这些过程中，也能真正搞清楚问题到底出在哪个环节了。

让孩子不断进步——帮助孩子在犯错中成长

Ⓠ **家长提问**：老师，我家孩子 10 岁，一点反省能力都没有，经常重复犯错，屡教不改。我们平时没少说他，他总是"左耳朵进，右耳朵出"，真是恨铁不成钢！请问，有什么办法能让孩子变得听话一些吗？

一、关于犯错

有人说：是否允许孩子犯错，并从错误中学习，是家庭教育的试金石。教育的结果总要过很多年之后才显现，不在当下，而是过去、现在和未来的综合。

犯错的过程正是孩子在不断纠正、不断学习和进步的过程。即使是我们成年人，又怎么能保证这一生不犯错，做得完美、无遗憾呢？

这些年笔者也见过一些很少犯错的孩子，往往都是在父母严厉甚至苛刻的管教和限制下长大的，从小就被各种琐碎而细致的规则约束着。他们不仅被压抑、限制，也会在青春期产生较大的叛逆和反抗，同时会很严厉地对他人执行规则。而有些孩子，则走上另一条路，他们所犯的错误，从来都会被非常用心地加以掩饰，避免被人发现；他们非常早熟和富有心机。这两种，恐怕都不是父母未来想要的结果。

只要不是原则性的重大错误，不涉及品格，没有造成严重后果，不仅要允许孩子犯错，这个时候还是教育的好时机。只有在错误中父母才能发现问题，才有机会去帮助孩子，并且产生深入的链接，让孩子学习提高反省和思考的能力。

如果在孩子幼小的时候，父母不允许他在家里和学校犯错误，难道要把这些留到未来成人后的生活和工作中去试错吗？到那时，他为此付出的代价可就会放大很多倍了！

还有一些看似是错误，却是心理上的压抑或者情绪小创伤疏解的一个途径。这就更不能去简单、粗暴地要求孩子一定要改正了。可能父母强迫性地纠正了他啃指甲、啃手指的问题，但孩子的情绪却少了一个重要出口，并且过多的干涉和纠正反而会强化某种行为。

所以，要梳理的第一条就是区分对待不同的错误。觉察这些错误对孩子产生的影响，同时也觉察自己对于孩子犯错是否宽容，以及自己的应对方式。可以抓大放小，就是原则性的大事一定要管，至于小错误，就不必揪着不放或者反复去强调。

二、关于"屡教"和"不改"

现在看一看这两个词。"屡教"就是一直关注和聚焦在这件事上，持续地教育和行动；"不改"就是一直没有取到很好的效果。所以，屡教屡败，屡败屡教，陷入一种负面的循环中。

"家长嘴巴说出茧，孩子变成二皮脸。"那孩子为什么"不改"呢？道理很简单，重复相同的模式只能得到相同的结果，除非父母的路径、方法和着力点改变了，结果才有可能改变。

所以，要去分析一下这个结果的背后是什么，之前的教育方式为什么无效，孩子在什么情况下才愿意改变。只要一步一步地深入，多问几个为什么，智慧的父母逐渐就能找到答案。

三、关于犯错原因

其一，年龄和认知水平是最重要的原因，孩子的高级认知行为和思维水平的发展取决于前额叶的发育程度，而且前额叶大脑皮层的最终成熟是在一个人 20 岁之后。

孩子犯错真的是一个非常普遍和非常正常的现象。各位爸爸妈妈牢记这一点后，对孩子就会多一些宽容、理解和欣赏。

其二，缺乏关注感。如果父母比较忙碌，平时跟孩子的交流和沟通少，那每次犯错的时候，妈妈的注意力转向孩子并开始唠叨，在孩子那里反而成了获得关爱的一个时机，孩子就会通过不断的犯错来引起成人的关注，获得这种心理上的满足感。

其三，认错后万事大吉。父母的关注点往往不在于如何纠正，只是关注证明谁对谁错，关注孩子是否低头认错。那么，孩子也会认为只要认错就万事大吉，但真正内在改变的动力并没有产生。因为这是非常轻而易举就可以承担的结果，只要口头说一句"对不起"就完事了。

这样的认错只是为父母、为老师而认错，并不是他发自内心产生内疚和改变的意愿。所以，有的家长会说："认错快，犯错更快。"

其四，标签心理。如果父母已经给孩子贴了屡教不改这样一个标签，让孩子内心认定他就是这样一个不断犯错的人，孩子潜意识里自然就会按照这个自我认定去行事。

其五，不以为然。父母认为很重要的错误，孩子根本就不在意，从而内心是不愿改变的。比如有些孩子日常不提醒就不刷牙，直到进了牙科医院他才会重视起来。

四、关于惩罚和唠叨

惩罚和唠叨，不是帮助孩子改正错误的好办法，反而会大大抵消孩子的自我愧疚感。特别是肢体惩罚、语言暴力，除了造成负面的影响，对于纠正孩子错误根本毫无效果。

景洋老师曾经在公园里看到这样的一个场景：

两个男孩在玩耍，年龄大的不小心把弟弟绊倒了，当时他的神情是有些内疚和心疼的，想赶快把小弟弟拉起来。这时妈妈在旁边出现了，一把把弟弟抱在怀里，对着哥哥就是一顿批评："跟你说过多少次了，不要这么冒冒失失的，你看把弟弟摔疼了！"然后，妈妈和颜悦色地跟弟弟说："哥哥坏，都怪哥哥。宝宝不哭了啊！一会儿买冰激凌，不给哥哥吃！"

这时，再去观察哥哥的表情，从内疚、心疼马上就变成了漠然和理直气壮。当妈妈再唠叨的时候，哥哥就开始顶撞："你不是都说过我了吗？还能怎么样？要不打我一顿，你满意了吧？！"妈妈变得更加生气，又骂哥哥错了还顶嘴。结果本来是一个很小的事情，变成了一个大冲突，也破坏了小哥俩之间的亲密关系。所以，有时大宝对二宝这种无缘无故的敌意和迁怒，也是和父母的处理方式有密切关系的。

五、关于方法：提高父母影响力，帮助孩子有效改错

想帮助孩子改正错误，并且达到长期的效果，其实没有快捷的办法，只有提高父母的影响力和孩子自己向好的心，并且给予足够的耐心、宽容和等待。

那什么样的父母是有影响力的父母呢？请看图1-2。

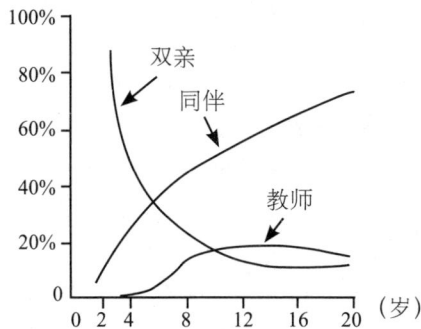

图1-2　人际交往关系变化图

1. 三位一体：爱＋智慧＋亲近

父母的影响力高峰期是在孩子入学之前，也就是6岁之前。因此，要抓紧在这段时间建立良好的亲子关系。

父母的影响力在孩子入学之后逐渐下降，老师和伙伴的影响力会上升。进入青春期之后，同伴的影响力远远大过父母和教师。

家长们可以去看看自己的孩子处在哪个阶段，自己和孩子间的关系如何？

所以要保持对孩子持久性的正面影响，父母就必须身兼家长、教育者和朋友这三种身份，时而在后支持推动，时而在前引领，时而陪伴左右。

同样，兼有这三种身份的教师，对于孩子的影响力也会持续很久，甚至终身。

2. 关爱为本，适当惩罚，有慈有威

善于帮助孩子的父母，会以对方为本，从孩子的角度出发去处理问题。既有慈爱，也有规则。既能和孩子无话不谈，同时在重大问题上又能给予他有益的参考。

3. 善于聆听，有效沟通

对于父母来说，能懂比会教更重要。

父母要关注孩子的内在想法，无论孩子是优秀还是普通，是取得成绩还是犯错误，都愿意接纳，愿意坦诚沟通，愿意陪伴。

4. 以身作则，说话算话

曾经在一个五年级的课堂上，老师问道："妈妈平时喜欢做什么啊？"有的孩子说看书、健身，有的说买东西，有一个男孩大声说："我妈妈什么都不爱，就爱发脾气，唠叨我和我爸！"全班马上哄堂大笑，其他孩子七嘴八舌地说："我妈妈也是。"

老师再问他们："为什么妈妈爱唠叨？""因为对我不满意""因为没考好""因为我老犯错误""因为爸爸下班晚"……

老师又问他们："为什么她不唠叨别人家的孩子呢？"

他们才想到"妈妈想让我变好""妈妈关心我""妈妈担心我""妈妈要干很多活儿，工作挺累的"……

因此，藏在唠叨和批评背后的爱，若不加以引导，孩子们是根本听不到的。他们接收到的潜台词是，"我不好，我很差，妈妈发火很可怕"。

因此，父母要尽量少说、少批评，而让藏在批评背后的深深的爱走到前台来，让孩子能够听得到、看得到。

一旦要说，就要正式地讲，站在对方的立场上讲，让孩子引起足够重视地讲，一句要顶一百句，言必行，行必果。那么，无效的屡教不存在了，知错不改的毛病也就慢慢地不存在了。

第二章

遇见能自控的孩子

让孩子学会反思——如何培养孩子的自省能力

> Q 家长提问：人们都说"吃一堑，长一智"，可是，为什么我家娃儿常常不长记性？不论是日常我和他爸爸不断提醒过的事，还是考试中做错的题目，他很难自己学会反思。人家有的孩子一看到错误，总结、琢磨后就不再犯了，可他的反省能力怎么老是建立不起来呢？

为什么有些孩子吃了很多亏，遇到相同的事情，还不长教训呢？

独立意识、深入思考、自我觉察和内省的能力不仅需要从小重视，而且是在学习、实践、犯错误和纠错中不断完善形成的。

父母们不用着急，我们准备了两张非常实用的表格，会给您清晰的答案，按图索骥，就能找到原因，解决这个问题。

解析之前，我们先回顾一下，做个梳理：

- 您的孩子平时犯错误多吗？是生活上还是学习上？

- 犯错后他第一时间是心生内疚还是去看父母的脸色？后续反应又如何？

- 家人对孩子错误的态度如何？是否允许孩子犯错？是否有引导？

一、第一张表：生活中反思习惯的培养

下面借助一个案例来说明：

孩子回家告诉妈妈，学校通知第二天要到郊外春游，需要带午餐。

妈妈准备好午餐，放在餐桌上，并提醒孩子要带走。

孩子早上上学时，忘记带了。

妈妈送完孩子回家发现后，立刻送到了学校。

孩子正常吃上了午餐。

下一次，孩子又忘了带午餐。

在儿童的心智发展中，认知提取的过程是这样的：生活中发生了事件→经由事件孩子获得体验和经历→在过程中产生了感受和情绪→意识层对此进行总结、内化→提炼形成认知经验→指导他后续的行动。这个过程循环进行，儿童的认知水平就会越来越高（参见图2-1和表2-1）。

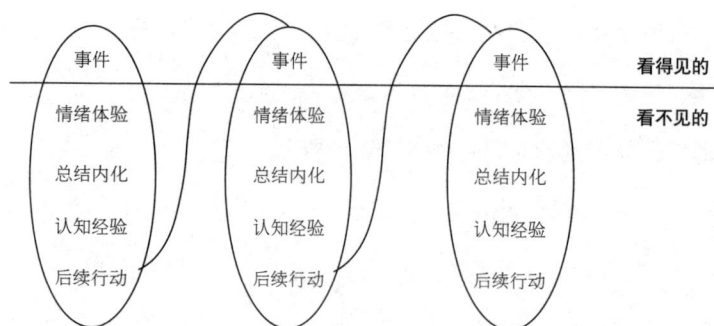

图 2-1　认知形成过程

表 2-1　认知形成示范（1）

认知过程	内容
发生事件	碰到热水壶
体验经历	被水壶烫到手
情绪感受	疼、大哭、难受、惊吓
总结内化	热的东西不能随便碰
认知经验	成人的提醒是有道理的，厨房的物品有危险性
后续行动	避开容易烫伤的东西，以后小心

清楚了这个过程后，我们来模仿一下大脑的思考过程，拆解一下前面那个案例，看看妈妈的处理方式对孩子认知过程的影响（见表2-2）：

表 2-2　认知形成示范（2）

认知过程	内容
发生事件	忘带午餐
体验经历	妈妈准备午餐，送学校，我正常吃到午餐
情绪感受	平静，无所谓
总结内化	没带午餐不会影响我
认知经验	我无须操心带东西吃的事情，自有妈妈来操心
后续行动	下一次还会忘记，类似情况不断发生

如果妈妈只是提醒，而不是替孩子准备并送到学校呢？场景可能是这样的：

孩子气呼呼回到家说：今天很不开心。我居然忘带午餐了！

妈妈：是吗？我记得昨天提醒过你的。那你一定很饿。

孩子：同学们都带了，我真的很饿！

妈妈：那你怎么解决吃饭的问题？

孩子：我向一个好朋友求助，他给了我一些。

妈妈：看来你通过同学的帮助吃上了饭。那为什么不开心呢？

孩子：他只肯给我一点，因为他也要吃，我想吃他的牛肉，他只给了我一个面包。另一个同学也一样，我想喝他的酸奶，但他只带了一袋。

妈妈很同情：哦！那肯定让你不太满意了，妈妈知道你很爱吃牛肉的。那么热的天，有酸奶喝多好啊！不过他们愿意分享食物给你，你就没那么饿了。

孩子：他们愿意分给我食物，我还是应该谢谢他们。

妈妈：是的，有朋友在很好，遇到困难时朋友会帮忙。下次你想怎么做？

孩子：我一定要记住带午餐，并且多带点我爱吃的牛肉，也可以和同学们交换食物。对了，我可以带两盒酸奶，有同学忘记了我可以分给他一盒。

妈妈：很棒！下次就这么做！

我们再次让大脑思考机制运转，来复盘拆解这个过程（见表2-3）：

表2-3　认知形成示范（3）

认知过程	内容
发生事件	忘带午餐
体验经历	向同学索要食物，没有吃饱，没有吃到自己想吃的食物

认知过程	内容
情绪感受	肚子饿、难受、不太开心，看到同学吃牛肉和喝酸奶时有点羡慕
总结内化	忘带午餐是个很糟糕的事情
认知经验	忘记带是我的事情，我要自己操心，没有人会代替我做；求助同学是有效的，但不满意的结果自己要接受
后续行动	下次提醒自己不再忘记，遇到困难可以求助别人

其实在每个行动之前，大脑司令部都先进行了决策和思索，即使是逃跑这种本能，大脑的运行机制也是一样的。

那么，理解了孩子认知形成的整个过程后，您有什么启发呢？是不是有一种"哦！原来是这样！"恍然大悟的感受，再回看开头那几个问题，可能您的答案就不一样了吧！

前期，需要父母有意识、有觉知地带领孩子进行这样的梳理，大脑思考的回路就像草地上的小径，走的人多了，路就越来越清晰，越来越宽。只要加以训练，让认知的脚步回到正确的路径上来，孩子一定能够学会自我反省，提高纠偏的能力。

二、第二张表：学习中的反思和提高

在辅导孩子功课的过程中，经常会出现这样的场景，妈妈边指着课本边冲孩子大声说："这种应用题，教过你多少遍了，怎么还是错？你怎么不长记性？！"孩子除了怯生生地偷看妈妈，脑子里还是一头雾水。

为什么同一类型的题，孩子老是出错呢？为什么在这个地方做对了，换个地方就又错了呢？

同样，学习中的反思和改错非常重要，只有经历了这个过程，孩子才能考出好成绩。改错不是我们通常认为的记录在"错题本"和"错题集"上这么简单，而是发生在大脑中的复杂、精密的运算过程。

反思，不仅仅是对学习过程的回顾和总结，更是一个能动、审慎的认知加工过程。心理学上，有个词语叫"元认知"，就是对认知过程的认知。

接下来，我们就看看另外一张表怎么使用：以数学为例，把A4纸分成两半，左边写下孩子的错题，右边记录下完成每步解题时，在头脑中下意识出现的声音和思路。不要先去评判对错，只是一步步如实记录下来背后的想法。年龄小的孩子，可以由父母代为记录。

通过这张思考轨迹表格（见表2-4），就可以清晰地看到在解题过程中大脑发生了什么思考，逻辑线是什么，思路在哪里断掉了，在哪里走错了路。

表2-4 思考轨迹示范（1）

运算过程	思维流
题目	看到题目马上冒出来的念头是什么
步骤1	为什么第一步这么做，以及其他念头
步骤2	从步骤1怎么到了步骤2，以及其他念头
步骤3	从步骤2怎么到了步骤3，以及其他念头
步骤4	……

其他念头指的是和解题无关的想法，比如："哎呀，我好笨！""现在几点了？""妈妈做了什么饭？""今天好伤心，和同学闹别扭了！"也包括：我要专心、赶快做完等。同样这些也会对思路和最终结果产生或大或小的影响（见表2–5）。

表2–5　思考轨迹示范（2）

运算过程	思维流
题目：3 × (6–2)	哎呀，不喜欢做计算题，又要背口诀……
步骤1：=3×4	先减还是先乘呢？还剩多少作业？是不是我先去吃个水果？应该先算小括号，"6–2=4"我知道，这个减法很容易。
步骤2：=15	背口诀："三四十五"，好像有点不对，三乘以四是几来着？ 有点想上厕所。
步骤3：擦掉重写	应该去查一下口诀，哦，原来"三四十二"。这下肯定对了！
步骤4：=12	唉，还有那么多道题，慢慢写吧！

当这样的思维流被记录下来后，我们就明白薄弱的环节出现在乘法口诀，而且在学习时，有大量无关的念头进来，干扰到思考的专注度。

这样的元认知能力就如同中国传统文化中所讲的"观照"，在思考的同时，又有另外的一个旁观者，目不转睛地静静看着自己的想法是怎么运转的。

类似于我在看花，心中赞叹：花好美啊！同时有另一个"自己"作为观察者，看到"我"的这个赞叹和喜悦从心里发出来。那么，这个"自己"就是那个对思想进行监督和纠察的主体，也是自省的源泉力量。这个过程是清晰的、平静的和不加评判干涉的。只有这样，才能如实还原并明白问题在哪里。

通过上面讲的两个表格，我们就能明白，孩子就是这样通过不断接收信息、验证知识、犯错、对比结果、修正路径，一步步走向认知的发展和思维的成熟的。

最后补充一点，自省是让孩子走向更好的方向，目标是指向下一步的行动，而不是去评判每个想法的优劣。

只要父母能够建立起对待错误和反省的正确意识，在学习和生活中有意识地使用这两种表格，孩子的自省及纠错能力一定会大为提升，这也将为孩子成年之后的发展打下牢固的基础。

让孩子学会自立——如何让孩子摆脱依赖

家长提问：我的女儿12岁，性格乖巧，成绩也还好，就是独立性不行，平时和家中老人住在一起，生活起居都是我和爷爷奶奶照顾。暑假我们带她外出旅游时，发现这孩子依赖性太强了，随时随地都离不开大人，甚至买东西时都要让我代替她开口，如果坚持让她自己拿主意，她就会犹豫好久，最后赌气说不买了。小时候还好，她长大后没主见怎么办？

首先要赞叹一下这位家长的观念。很多父母都期待孩子"听话"，认为"听话""成绩好"才是好孩子的标配，而这位家长从乖巧的背后看到了过强的依赖性，希望培养孩子的独立意识，让孩子有主见，这是非常可贵的。12岁这个年龄虽然已经不小了，但如果开始有意识纠正，还不算太晚。

小学阶段是独立意识开始发展的一个重要时期，这种独立意识不仅在生活中体现为自我管理和照顾，也体现在对事物的看法有自主的思考，能形成独特见解，在群体中既能保持个性，找到自己的位置，同时又能和别人和谐共处。

依赖性强的孩子，往往解决问题能力较缺乏，一遇到困难就会找家长或他人求助。这样不愿深入思考的习惯一旦延续到了初中、高中阶段，学业成绩就会受影响了。同时，这样的孩子往往心理比较脆弱，经不起大的挫折和风雨。

如果长大之后，一直无法离开他人的帮助和安排，凡事都寄托于别人，不清晰自己该做什么，体现在生活上，就很容易变成"啃老族"；若体现在工作上，很可能上升的通道比较狭窄，只能做一名普普通通的基层员工，按部就班地去做事。

一、孩子依赖性太强，一定和家庭教育有关

1. 勤快妈妈与懒女儿

有这样一位妈妈，她平时衣着得体，做事干练，家里每个地方都一尘不染、整整齐齐，还烧得一手好饭菜。坐下来聊天时，她略带点骄傲又无奈地对我们说：唉！没办法，我是个有洁癖的人，见不得家里一点脏乱。

暑假时，她女儿在景洋老师家中住了半个多月。观察下来，她和妈妈反差太大了！脏衣服丢在床头，臭袜子塞在枕头下，吃完饭把碗一推，站起来就走人，手上扎了一根小刺都要娇气地"哎哟"半天。看上去挺机灵的女孩子，家务活几乎什么都不会做，笨手笨脚的样子让人又想笑又摇头。

有一次大家笑着问她：妈妈那么能干、爱干净，你怎么不是这样

的呢？她不好意思地说，在家里她什么都不用管，因为妈妈嫌她做得不好，所以索性就不让她碰了。再加上就这一个孩子，家里的亲朋好友也都比较宠她，姨妈、姥爷等人经常对她百依百顺，所以"公主病"就这样养出来了。她在老师家里看到姐姐和弟弟干活，心里也想帮点忙，但插不上手，也不知道该干什么。

2. 父母过多提供了"削弱孩子能力"的帮助

生活中经常会发现这样的父母，给孩子的爱和帮助实际上不是在增强孩子的能力，而是在削弱他的能力。

比如喂饭这件事儿，当孩子可以自己完成吃饭这样的动作时，还继续代替他去做。

表面上是"我很愿意照顾你，爸爸妈妈、爷爷奶奶对你很好"；潜台词是"孩子，你还是宝宝，不能好好照顾自己，必须通过他人帮助你才能吃东西活下去"。

这其实是对孩子能力和智商的一种极大蔑视。

还有一些全职妈妈，把所有的关注点都寄托在了孩子身上，一旦发现孩子不再依赖自己时，内心就会有强大的失落感，觉得自己失去了价值。因此，虽然表面上期待孩子独立，但潜意识中是舍不得孩子长大和离开自己的。千方百计地爱和照顾，像一条条绷带一样束缚在孩子身上，只有孩子一直保持在婴幼儿的无能状态中，这个理想的伟大的"全能妈妈"的心理幻象才能得到满足。

每个孩子潜意识里都有内在成长的需要，渴望证明自己的强大，长大的渴望和从父母处接收到的轻视不断发生矛盾冲突，这样孩子就会陷入一种既懦弱无能又充满了怨恨的状态，变得自卑又狂妄。

3. 父母的控制和强势，逼迫他人以依赖求和平

这个道理很容易理解。想一想在工作中是不是也是这样？如果领导或上级比较强势，说一不二，那其他人就不敢随便拿主意、提意见，只能附和。家庭中也一样。

事事非得按照自己的心愿来，把孩子、老公所有的事情都亲自安排好，这样的妈妈并不少见。和上面的"爱心代办"不同，这种强势类型的父母更多的潜台词是"我是对的，你必须要听我的，如果你敢不听，后果很严重"。

当孩子已经习惯了去过"父母想要我过的生活"，而放弃了争取自己想过的生活，他不依赖父母和他人又能怎么办呢？可悲的是长期如此后，最终如果有一天问他：你自己到底想过什么样的生活？他大概率会茫然而惶恐，四处张望，半天不作声，最后讷讷地说：我从来没想过这个问题。

4. 挑战太少，舒适区待久了，内在成长动力不足

最后一个原因是常常允许孩子待在舒适区内。平时生活平淡不惊，给予孩子的挑战性太少，总让孩子做那些唾手可得、没有什么难度的事情。

人性都是趋利避害的。如果遇到某些挑战或者是较难做到的事情，都会有他人随时出来帮助解决，在这种情况下孩子就不需要很努力，他的内在成长动力不能得到激发，就会不愿意走出舒适区，更不愿意发展新的技能。

二、解决依赖性强的路径和方法

建议家长按照"现象（是什么状况？）—原因（为什么出现？）—方法（该如何调整？）"这样的思路去思考，只要把原因搞清楚了，就可以找到孩子问题的关键所在，按图索骥，找到好的办法。

1．先接纳孩子的状态，关注他的感受，少说多倾听

无论孩子是什么样的状况，家长都不要操之过急，先接纳孩子目前暂时可以是这样的，不把无谓的能量消耗在对过去的内疚和后悔上。同时真正重视独立性这个问题，鼓励孩子去表达内在的感受和想法。

遇到生活、学习中的一些问题时，家长不要急于发表见解和意见，不妨尝试和孩子一起去探讨，一定要少表达、多倾听，比如对这件事情的看法，"你是怎么想的""如果是你，你会怎么做""还能想到其他什么方法"，等等。

2．孩子的事情尽量让他自己拿主意

真正把选择的权利给予孩子，孩子才能学会选择。

先从简单、有限选择开始培养，让孩子逐步建立独立思考的能力。比如想看什么电影，穿什么衣服，今天吃什么，为家庭制定采购物品的清单等。对于这些具体的、有限的选项，有意识地征求孩子的意见，让他来决定。这样的选择带来的后果影响小，孩子承担的压力比较轻，会更愿意做出选择。

生活中本来就没有那么多重要的大事情。在去哪里旅游，今天吃什么，喜欢哪件衣服、玩具等这样的事情上，还是要尽量尊重孩子的决定。

只有让孩子先学会为小事做选择，循序渐进，将来他才能有勇气面对更大的选择和结果。

3. 从生活细节开始训练独立能力

之所以用了"训练"而不是培养，是因为生活中的很多小事都需要教导到位，需要反复进行实践练习。世界上唯有父母的爱，是以分离为目标的。父母对孩子所有的爱和陪伴，都是希望未来有一天他能够真正地离开自己，扬帆启航，自由飞翔。

如果生活细节过关，孩子就拥有了可以独立生存下去的底气和能力。

4. 在可控范围内适当分离，参加游学或夏令营

现在假期内各种游学营以及夏令营非常丰富，父母可选择可靠的机构体系，以及可信任的老师，在做好前期准备后，让孩子短期离开自己的视线。

独立生活，不仅是对家庭教育结果的检验——独立生活能力，人际交往能力，是否积极上进、有团队精神、服从规则等，也能有效减少孩子的依赖性。

5. 父母及他人要学会示弱，让孩子看到自己的能力

在一期娱乐节目中，一位演员的儿子虽然才五六岁，却非常关照妈妈，一会儿给妈妈拿风扇，一会儿帮妈妈按摩，引起了网上的热评。

在日常生活中，要有意让孩子帮忙，独自做事，多给孩子展示自己能力和尝试挑战的机会。

比如，"这两盆花有点重，儿子过来帮妈妈一起搬"；买完菜回家后，不让孩子空手，每人提一袋。

再比如：妈妈这会儿工作实在太忙了，需要你帮忙去买个××回家；这次外出旅游，妈妈安排酒店时有点挑花了眼，需要你来帮我参考一下，到底最后怎么决定；这件事情爸爸也没有想清楚，咱俩一块理一理，等会儿老爸陪着你向老师表达想法。

以上都是比较有效的方式。

孩子的依赖和独立就像是弹簧，你弱它就强，此消则彼长。如果父母希望孩子未来成为一个真正的男子汉的话，就用像对待真正男子汉的方式去对待他；如果希望孩子成为离不开妈妈的宝宝，那也只需要用像对待宝宝的方式去对待他。并且，最终结果不是看父母口头上希望什么，而是看实际行动上到底是怎么做的。

让孩子学会收心——如何在玩耍和学习中把握平衡

> **Q 家长提问**：我儿子明明上四年级，10岁，特别贪玩，只要是玩的就感兴趣，不管拿到什么东西都能随手玩起来，或想办法变成玩具。他也喜欢户外游戏，一到郊外就精力无穷，但有时玩性太大，也会耽误作业和学习。
>
> 我和他的妈妈关于孩子贪玩这件事有很大的分歧，我认为小的时候应该让他玩个够儿，年纪渐长后自然就会收心，我也是这样过来的，到初中才开始认真学习，现在发展得也还不错。他妈妈是个医生，她觉得如果小的时候太贪玩，长大后准没出息，得管严点！
>
> 请问，贪玩到底是孩子的天性还是自控力不足造成的？

家长不要过分担心，爱玩耍真的是孩子的天性，只需要注意一些关键的问题，把握好学业和玩耍间的平衡度，就可以让孩子在童年时期享受快乐，健康成长。

要特别说明的是，在这个问题中，爸爸描述的"贪玩"和常见的"手机游戏成瘾"完全不是一个概念。

一、玩耍促进智力发展

人的智力水平到底是由先天决定还是由后天决定？这个问题在心理学界争论已久。现在普遍的看法认为，个体智力发展的最终水平，受先天因素、后天环境及教育的共同影响。

通过跟踪小学生的学业成绩与家庭养育状况也能得出这样的结论：在幼儿时期玩耍比较多、兴趣爱好广泛的孩子（被逼迫参加的兴趣班除外），学业成绩保持优秀的概率更大，思维更加灵活；而那些偏重进行"识字""算术"等学科类教育的孩子，在低年级阶段成绩相对较好，进入五六年级之后会有相当比例的孩子出现成绩明显下滑。

著名作家冰心曾说过："淘气的男孩是好的，调皮的女孩是巧的。"

中国教育研究院的研究结果明确指出：闲暇时父母经常读书看报的家庭，子女成绩优秀的比例更高。父母经常陪伴孩子（玩智力游戏、打闹玩耍、运动、聊天谈心、尝试新事物、修理东西），对孩子的学业水平影响越明显。往往家庭娱乐活动越多，孩子成绩越优秀。

二、玩耍促进孩子成长

1. 玩耍的积极意义

玩耍对儿童的身心发展具有重要而积极的意义。在玩耍中，孩子的社交能力、创造力、想象力、求知欲、自我认知会不断发展和完善，而且视野和心智得到拓展，身体的机能也在拓展和提高。

通过玩耍，孩子的自我世界和外在世界开始发生联系——自己与他人、环境和物品间产生关联。

喜爱玩耍并从中得到极大快乐的孩子，往往会具备开朗的性格、主动探索的冒险精神、良好的情绪调节能力。特别对于男孩子来说，玩耍更是天性使然，不仅能聚集和释放生命能量，更是生命力活跃的展现。

2. 贪玩是天性，不玩才可怕

其实真正应该引起父母重视的不是贪玩的孩子，父母的真实期待是孩子在玩的同时能很好地控制、管理自己，该做的事情做完，该学习的内容学会。这一点后文会给出一些建议。

在多年的教育实践中，从事心理教育的老师们发现，真正让人深深担忧或值得警惕的是那些不会玩的孩子，以及童年时期被剥夺了玩耍权利的孩子。

几年前，笔者曾经带过一个 6 岁的小女孩小 Y 半年多。第一次见到小 Y 的时候，她就表现出与年龄极不相称的沉静。其他的孩子都在外面撒欢地疯跑，响亮的笑声充满了整个院子。而她只是呆呆地坐着，既不哭也不笑，当问她"你怎么不去和小朋友们一起玩呢"，她怯生生地说"没意思，不想玩"。

当时以为是她刚来有些怕生，但在接下来一周的时间里，看到她都是这样的，很乖巧、安静，能照顾自己，但小小的身影单薄、羸弱，完全没有玩起来的欲望，对周围的人和事都不感兴趣。大家想一想，毕竟是六七岁的孩子，这个年龄应该充满了生命力，不玩、不笑、不跟人讲话，这是多么可怕的状况！

后来了解到的情况是，父母管教严格，约束很多，孩子大多时间和老人在一起生活，独自看电视时间比较多，和其他孩子们接触得很少。

不过比较幸运的是，因为年龄小，这个小女孩状态调整得非常良好，半年后已经变得相对开朗、阳光了，喜欢画画、做手工，能和小朋友们一起玩追逐游戏，大家也越来越喜爱她了。

这半年多，除了持续的关心、耐心陪伴引导和环境的熏陶之外，老师还留了一项特殊作业给她：要求她每周回家时，都要尝试去做一件从来没做过的调皮捣蛋的"小坏事"。老师把这项作业很郑重地告知了孩子妈妈并讲明了原因。

妈妈后来反馈了这项作业给孩子带来的变化：一开始她墨守成规，后来就慢慢有了创意和新奇点子。这样有意识地去打破限制孩子的"框框"，破除了小 Y 的不少心理障碍和局限，让原本有些压抑和内向的她变得自信、大胆了。并且有时她还会搞出小小的恶作剧，让家庭气氛变得活泼和温暖了许多，父母发现了孩子机灵和可爱的一面。

笔者曾经看到一位少年当着心理老师的面和妈妈发生争吵，用很难听的话去骂人。也许旁观者会认为这个孩子很不孝顺、太不懂事。但是，一旦了解到孩子暴戾之下的痛苦和怨恨，又让人惋惜揪心。

这个 14 岁的孩子，一边咬着嘴角，一边倔强地把要流出眼眶的泪硬憋回去，愤恨地说，自己从来没有玩够过，从幼儿园开始到中学前，一直在不停上课外班，有时甚至一天要上四五个。完成了学校的作业之后，还要完成辅导班老师布置的作业。都完成回到家之后，只要还有闲暇，妈妈就会再布置新的作业给他，直到他疲惫地睡去。

所以虽然小学时成绩还比较拔尖，但他内心认为再努力也是没有用的，因为作业永远都写不完。最好是慢吞吞地拖时间，这样就能用只挨一顿骂的代价换来最少的作业。

留在他童年记忆中最深刻的场景是：写累的时候，揉一揉已经发酸的手腕，借喝水的几分钟时间，端着水杯站在窗前，羡慕地望着外面草坪上奔跑的孩子们。他心里有种渴望、嫉妒又恼怒的强烈感受。

"我从来不记得有痛快地玩耍过！虽然反抗过很多次，但是没有用，父母根本就不尊重我的想法，他们好残忍，剥夺了我一辈子只有一次的童年！那时候我太小，只能服从，现在我长大有力量反抗了，我就要玩，他们越不让我碰什么，我就去玩什么。我就是要跟他们斗到底！"

这位没有童年的少年不仅抽烟、打游戏、玩二次元街机，还加入了飙车一族，已经很难再重返校园了。

其实这些要求背后也是妈妈的高期待和爱，只是这份爱和努力仅集中在作业上。用孩子珍贵的童年玩耍时光换来的，只是终身对学业的深恶痛绝和对父母的冷漠疏远。这是值得每个父母警醒的。

上面这两个案例都是典型的由于童年玩耍缺失导致的心理偏差，而孩子这种玩耍的天性是没有办法被压抑的。

三、让玩耍和自控力兼得，须注意几个关键问题

1. 保证睡眠时间，睡前不可玩得太兴奋

在临睡前的时间尽量要让孩子平静，减少运动和刺激，以免玩耍得太过兴奋难以入睡。提问中的明明 10 岁，正是长身体的阶段。孩子未来的身高水平和健康状况与睡眠时间是否足够有直接的关系。据生物学家研究发现，脑下垂体要协助身体代谢多种多样的生长激素，儿童

的生长激素在 21 点到凌晨 1 点是代谢的高峰时段，因此，孩子不应太晚入睡。

同样，如果孩子因为作业拖得太久而减少了睡眠时间，也会对生长发育有影响。因此要和孩子事先做好约定，满足玩耍愿望的前提是必须按时作息。

2. 玩的内容、玩法及频率

建议家长关注孩子最喜欢的是什么样的游戏及方式，在玩的过程中多留心观察，不仅要观察孩子在玩耍中的状态，自然流露出的个性和品格，同时也要观察以下几点：

- 他是怎么设立目标、怎么思考并想办法达成的？

- 对同一类型游戏的兴趣保持度以及玩耍频率如何？

- 这样的频率、玩法会不会影响到生活和学习？如有影响，那结果是正向的还是负向的？

- 在玩的过程中，孩子表现出的专注力、社交能力、控制力怎样？

还是那句老话，没有调查就没有发言权。不经过认真严谨的观察，并深入参与到孩子的游戏过程中去，就很难下结论——这样的游戏适合不适合儿童这个群体？适合不适合他所处的年龄段？游戏会导致他玩物丧志，还是在促进素质能力各方面的发展？

有了实事求是客观观察的基础，接下来就好办了。根据观察结果，权衡玩耍与孩子这个阶段学习及成长目标的匹配度，可采用不同的处理策略：或者是放手，或者是引导，或者是制止，或者与孩子共度亲子时光，或者由此开启孩子某方面的天赋培养，都是可行的。

3. 在父母参与下，把学习变成"游戏"

其实孩子从出生之后就一直处在学习和模仿的状态中，从周围的环境中去吸收，从和他人的互动及观察中去学习，从"眼耳鼻舌身意"各个方面去体验。并非我们所认为的只有正襟危坐在教室内或者书桌前学习和科目有关的内容，才算学习。前面也讲到，孩子在游戏中也是一个高速学习的过程。

无论是游戏、玩耍还是计算、思考，只是通过不同的工具和渠道来达到学习的内涵化。

正如想从江的这岸到达对岸，可以仿照古人那样撑木船过去，可以游泳横渡过江，可以坐轮渡，还可以在江上建起大桥步行或开车过去。目标都是到达对岸，这个过程中的一切外物只是利用的工具而已，区别是途径、效能和实现难易程度的不同。

当父母具备这个意识之后，其实就可以利用孩子们天生喜欢玩游戏的特点，把游戏和学习打通，将枯燥的学习变得有趣。

4. 鼓励有益玩耍，同时别忘了时间管理和约定

有的家长可能会担心：鼓励玩耍的理论听起来很有道理，但是我的孩子实际情况是只要一玩，就耽误了正事，比如说玩起来就不愿意写作业，或者说忘记回家吃饭。他是很难管住自己的。

那这种情况怎么办呢？和孩子做好约定，通过培养时间管理的习惯就能很好地解决这个问题。市面上关于儿童时间管理类的书籍非常多，在这里就不详细阐述了，只把几个需要注意的关键点简单列举一下：

（1）不要临时抱佛脚，教会他"要事第一"的原则。

不要让孩子养成事到临头才急急忙忙赶工的坏习惯。要让他把自己生活、学习中的重要事项先列出来，养成先去完成重要的事情，再去干其他事或者玩耍的好习惯。

（2）列出事件计划清单及完成时间，并逐一检查打钩。

有时也会出现他只完成了一半，或者仅做完了重要事情就去玩，最后忘记了还有任务遗留的现象。

针对这种情况，可以让孩子把所有的事项列出清单，每完成一项之后打钩，这样对照下来就知道自己的进度如何，还有哪些任务需要做，也能清晰计算出自己还有多长时间可以用来玩。

（3）杜绝"勤奋的懒惰"，学会高质量时间法。

"磨洋工"不仅无效而且有害，单位时间内必须产出效率。有的孩子看上去似乎一直在书桌前努力，结果抽屉里偷偷塞了本小说在看，或者发呆、走神，心早就不知道飞到哪里去了。长此以往，孩子的效率就会越来越低，学也没有学好，玩也没有玩够。

（4）适当体验因贪玩带来的时间失控后果。

关于孩子贪玩忘记回家吃饭或写作业的情况，可以参看第一章的内容。这个时候不需要父母不断地提醒催促，或者一边斥责一边又忙不迭地重新热饭，可以温和而坚定地让孩子体验到贪玩带来的自然结果。

总结一下，孩子贪玩是正常的天性，爱玩的孩子未来更灵活、更机敏，也更富有乐观精神。只要不是过分"玩物丧志"，家长不必太担心未来"没出息"。

孩子是否有出息，更多的是和坚毅、友善、上进等品格有关系，和年龄小时贪玩的关系不大。不过也不要走向另一个极端——放任不管、随便玩，如果忽略了时间管理能力和自控能力的培养，那么到了真正该收心的初高中阶段，可就麻烦了！

让孩子学会专注——如何改掉上课走神的毛病

Ⓠ **家长提问**：我家孩子上二年级，他们班级管理比较严格，上课时坐姿和举手都要整齐一致，不能乱动。老师向我们反馈过多次，这孩子学习习惯不好，经常上课走神，做小动作，有时还偷偷把小玩具带到班里玩，不专心听讲，注意力不集中。班主任甚至怀疑孩子有多动症，建议我带他去医院检查。

我觉得孩子在家里还算正常，不想带他去医院，怎样能让他上课专心呢？

其实，这个问题在小学生中很常见，特别是低年龄段的男孩子居多。大脑对身体的控制机能还未成熟，自控力的建立是需要时间的。不能简单、随便给孩子下结论、"扣帽子"，主观评估是多动症或者说注意力缺失等。

一、关于专注力，不同年龄的时长是不一样的

目前小学阶段每节课一般都是 40 分钟，接下来休息 10 分钟，再上下一节。

教师和家长都希望孩子在 40 分钟内全神贯注，但要明白如果课程的设置比较有趣和巧妙，比如教师幽默风趣，加入活动、游戏、互动，教师具备儿童心理学背景等，孩子的专注时间才能达到半小时以上，否则的话，孩子的注意力在很短的时间内就会消退，或者会多次产生注意力转移现象。那些接受过注意力训练的孩子会略好一些，但也很难达到 40 分钟。

　　科学研究发现，当孩子学习、写作业、做费神费劲的事情时，3 岁左右的孩子，只能保持 3~5 分钟的专注力；6~12 岁时，专注力会有一个飞速的进步，可以维持 10 分钟；15 岁时提升到 20~25 分钟。这之后数据基本上不会再有变化。成年人在听讲时的专注力也基本保持在这个水平线上。如果对听到的内容非常感兴趣，专注力可以提高到 1 小时左右，紧接着会进入疲劳期。

　　有一个例外的情况是：当孩子真正进入了"心流"的状态中，那么，专注力就会大大突破平均时间，存在无限可能。

二、提高孩子课堂专注力的有效方法

1. 预习和复习

　　完整的听课过程包括课前预习、课中学习和课后复习。不要小看了预习和课后的复习，中国有句老话叫"凡事预则立，不预则废"。如果课前不认真预习，可能会直接导致课堂上听课的效果差，做作业的速度变慢，课后花费的时间增加，同时还增加错题率。

　　很多新知识都是和旧知识互相关联的。如果在上课前没有对要学习的内容有一个大概了解，思考并提出自己的问题，回顾一下以前学过的旧知识，那这节课的学习效果和听课的专注力一定会大打折扣。

课后复习也如此。著名的艾宾浩斯遗忘曲线已经表明，新知识的遗忘程度非常快，如果不注意及时回忆和巩固，那孩子遗忘的知识就会越来越多。这样累积下来，越到后面的课就越听不懂、越吃力。那课堂上的专注力怎么能提高呢？

2. 深入了解孩子的上课状况（跟不上还是吃不饱）

笔者曾经和两个孩子一起就餐，一个孩子吃饭非常快，另外一个孩子吃饭慢吞吞，小口小口地吃。第一个孩子三下五除二就吃完了两碗饭，而第二个孩子才刚刚吃了小半碗。

最有意思的是旁边的两个妈妈，一个不停地说：你怎么吃得这么快？另外一个妈妈则抱怨：你怎么吃得这么慢？！

虽然提倡因材施教很多年，但整个班级一起授课，教师很难在 40 分钟内把握好每个孩子的吸收程度，照顾到所有孩子的学业水平。因此，学业成绩比较好、接受能力快的孩子，会觉得老师讲得实在太慢了，"吃不饱"；对于学业成绩比较差、基础不牢固的孩子，课堂的吸收度较低，听课时像是"听天书"。这两种情况都会导致走神。

特别是对于基础差的孩子，家长们一定要真正深入了解他的学习状况。比如，孩子在上五年级之后，上课效果很差，成绩一直徘徊在班级下游，也许不是因为五年级的知识太难，而是他还卡在四年级的"坎儿"上，那听起五年级的课程自然会听不懂或很吃力。这个时候就需要父母倒回去帮孩子把四年级的知识补扎实了，再跟进当前的进度，上课走神的现象就会明显好转。

我们曾经遇到过这样的案例，妈妈反馈说孩子每天上数学课都打瞌睡，作业一塌糊涂，成绩徘徊在十几分。这个孩子虽然已经在读六年级，但学业成绩测试仅在四年级的水平，那就需要一级一级地补上来，孩子才能真正听懂六年级的课程。

学知识就像房子打地基，如果下面没有打稳，那到了上面肯定会塌掉的，也很难再建上去。

道理虽然说起来很简单，但在现实生活中，其实有很多家长没有意识到这一点。如果家长真正明白了这一点，就会省下很多高昂的补课费。

三、在家庭中进行专注力训练

1. 自我觉察

自我觉察的方法已经在前文中详细阐述过。孩子应从开始学习时就对自己的状态有所觉察，能在心猿意马的情况下及时收摄心神，回归课堂和当下，而不是任由思绪像野马一样狂奔。

这样的觉察习惯，不仅对孩子的专注力和课堂认真听讲有帮助，也为孩子长大之后建立自省意识铺垫很好的基础，意义重大。

2. 善用暂停

当孩子状态差或疲惫时，专注力会非常涣散，也会开始酝酿负面的情绪。与其严厉要求他继续，或者鼓励他坚持，都不如先暂停，将这种状态做一个"暂停打破"，让他休息一下或用其他的方式调节一下，再重新回到学习状态中去。

3. 番茄钟渐长法

近年来，"番茄钟时间法"非常流行，即把工作 25 分钟计为一个"番茄时间"，然后休息 5 分钟。

其实，每个孩子间都有个体差异，建议这个时间不要固定为 25 分钟。可根据孩子当前的实际情况，从短时间开始，逐步延长。

在实践中，孩子最开始只能做到专注七八分钟或者 10 分钟，那也没关系，只要他在这 10 分钟之内专注力很强就可以。中间可以让他短暂休息一下，再重新开始，当孩子适应了之后再逐渐地增加时间。一般经过 3 个月的习惯培养后，孩子的专注时间都能提升 2~5 倍。

再回到开头妈妈提出的问题。七八岁的小男孩，心思活跃，喜欢玩玩具，控制不住自己的动作，这是很正常的。如果孩子在平时生活中比较正常的话，千万不要轻易给孩子扣上多动症的"大帽子"，并用异样的眼光去看待孩子的行为。

父母可以深入跟孩子谈一谈课堂上走神、不专注的原因是什么，和老师认真沟通孩子的情况，在有条件时进行详细观察，然后再有的放矢地进行协助调整。孩子毕竟年龄小，即使暂时没有很大的起色，也不要着急。前面提到的一些方法可以试着用一用，也许随着孩子心智的成熟，这种现象逐渐就会减少。

让孩子减少拖延——一写作业就磨蹭该怎么办

Ⓠ **家长提问**：我家孩子上小学二年级，每次写作业都要拖拉磨蹭很久，不情不愿，有时会拖到夜里11点，从来没有过一回家就主动坐下来写作业。对此，我非常头疼，怎么样才能让孩子自主学习呢？

孩子写作业问题，可谓一个社会热点话题，网上有很多段子，比如陪孩子写作业的妈妈得了心脏病，因陪孩子写作业闹得夫妻吵架，很多家庭上演"不写作业母慈子孝，一写作业鸡飞狗跳"。

那孩子为什么不愿意主动完成自己的学习任务呢？有一些原因是大家都能想到的：孩子的本性贪玩儿，玩耍的时间太少；学习习惯没有培养好；在学习中还没有找到成就感；写字太慢；作业负担过重；等等。

除了重视培养良好学习习惯、建立时间管理观念之外，我们再给父母四个重要建议，希望能帮助孩子把写作业时的自控力找回来。

一、避免负面衍生品

先说一下衍生品。衍生品指的是和原有产品有相关性，派生出来的其他副产品。这是一个非常有意思的话题。

大脑科学家们通过研究实验已经发现，当具有数学焦虑的人在得知将要面临数学任务时，与疼痛和厌恶感觉相关的后部脑岛区域就会被激活，而这个脑区在实际解决数学问题的过程中却并未呈现激活，这说明数学焦虑实际上发生于人们对于数学任务的想象和心理准备状态，而并非实际的思考和问题解决过程中。

也就是说，对数学焦虑的人讨厌的有可能不是数学这件事本身，而是过往的一切和数学有关的不愉快的记忆、负面的情绪、情绪所引发的身体反应、周围人的语言等。负面衍生品会对学习行为的结果产生很大的干扰和影响。

类似的，有可能孩子反感的不是作业本身，而是写作业这件事所带来的负面衍生品。因此父母要尽力减少那些无关的附加品，诸如争吵、情绪、评价、奖惩、电子游戏使用权，甚至亲子关系。

当把写作业这件事变得更加纯粹时，孩子才能够进入专注状态。

曾经遇到这样一个案例，孩子提到写作业时眼神中露出深深的恐惧。因始终无法又快又好地完成，母子两人都对写作业这件事情如临大敌。最后发展到每天晚上妈妈都要坐在旁边监督，并且发现孩子稍不用心，就会直接抬手去拍孩子的头顶，以致他根本不能专注在作业上，几乎大半的注意力都要放在觉察妈妈是不是抬起了手。即使妈妈有时只是去拢一下自己的头发，都会让他心跳不已，本能地想躲避。

另一个真实的案例是，某位老师在班级内当着所有同学面批评一个女孩子是个"数学笨蛋"，作业写得像用过的手纸，引得全班哄堂大笑。并且老师不顾她的难堪，当众撕掉了作业。从那之后，这个女孩每次在写作业时，就会不由自主想起这羞辱和可怕的一幕。女孩状况越来越糟糕，最后不得不转了学。

这些"衍生品"，让学习和痛苦、数学和恐惧、作业和逃跑纷纷画上了等号，并且是痛苦区和逃跑区先启动，学习和写作业动作在后，那孩子怎么可能进入主动的状态呢？趋利避害是人的天性。因此，务必要通过改变模式来斩断学习和负向衍生品之间的联系。

那这项科学实验如何加以正向利用呢？很简单，反过来！大力增加和学习有关的正向衍生品。孔子曰："知之者不如好之者，好之者不如乐之者。"

这样，孩子就会进入一个良好的状态，他就会通过主动争取来获得大脑给予的奖赏。比如，学习＝娱乐＋快乐，写作业＝爱的陪伴，学习＝自信心＋游戏，等等。

怎样通过巧妙的设计来达到这样的效果？这就需要父母和孩子认真沟通想一想了。比如说，可不可以把学拼音变成玩游戏？把课后阅读变成探险家故事？把写作业的这段时间变成全家人温馨相伴的好时光？

二、进入学习前，来点仪式感

这位妈妈的孩子读二年级，对于这个年龄段的孩子，建立仪式感是非常简单、实用的方法。就像日本的小朋友们，开饭前都要双手合十拍一下掌，先感恩，然后说："我要开动啦！"

这样就会给孩子一个明确的信号：学习是和其他事情不太一样的，是一件非常庄严的事情，要慎重、认真地对待它。

那仪式感从哪些方向开始着手呢?

1. 营造一个干净整洁的环境，立个小目标

在孩子准备学习之前，提醒他把玩具和无关的东西都收起来。手边整整齐齐，只放课本、作业本、文具。

尽量给孩子一个专属的空间，有属于他的小书桌，并且固定下来。给孩子一个心理暗示: 只要坐在这里，就是专属于我的"工作时间"了。

在分解目标后，让孩子立个小小目标。

"我决定在 × 点前做完 ×× 作业，在 × 点钟全部完成，然后再去做 ××。"

2. 小游戏让孩子坐得住——开车前，系好"安全带"

对于低年级的孩子，可以用游戏来让他们坐得住。Eric 小时候特别喜欢乱走乱动，一会儿站起来上个厕所，一会儿拿个水果吃，一会儿又把鞋子脱了，跪在椅子上写字，像只调皮的小猴子。其实这个年龄段的孩子就是这样的特点，很正常。

后来我们就想了一个办法，告诉他学习是一趟有趣的旅程，他是小司机，开向哪里自己要把握好方向。碰到了困难怎么办? 不能把车子丢掉，要平稳、安全地把车开过去! 因为在上路之前要先把安全带系好，所以就象征性地在他的肚子上围了一条松松的橡皮筋。提醒他在整个学习过程中，除了休息时不可以下车，并且叮嘱他身子坐端正，开车时不能分神，否则容易翻车。

他对这个游戏表现出了极大的兴奋，经常不等父母提醒就把课本文具准备好，橡皮筋往身上一围，郑重地说: "作业，我来了! 我要

发动了！"然后马上就进入了学习状态。有时他也会忘记，站起来刚走两步突然感觉橡皮筋拉住了他——"哦！我现在还没有到站，还不能下车呢！"

这里一定要郑重提醒一下：千万不要把它理解偏了，安全带绝不是要把孩子给牢牢绑在椅子上。而是孩子能接受的象征意义上的"安全带"，甚至可以是隐形的，比画一下就可以了。如果父母强行用一根带子来限制孩子，这实际上就违背了游戏的初衷，反而会让孩子产生强烈反抗和抵触。

父母也可以和孩子一起去开发想象出其他的游戏，来强化这种进入学习的仪式感。

3.绝对不要随便干扰孩子

不仅不能用负面的语言和行为去打断，也不能打着关心的名义去打断。比如，一会儿给孩子送个水果，一会儿给他倒杯水，一会儿进去问问他晚上想吃什么。一旦孩子进入了学习状态，那么家长要做的就是信任和陪伴。

其实绝大多数孩子天生就能专注，可惜的是，他们的专注力从很小的时候起，就被父母的无意识干扰给人为破坏了。

三、区分选择权和掌控权

如果可以的话，要尽早把掌控权和选择权交还到孩子手里。写作业是一个长久的事情，孩子早一天学会管理和自我掌控，父母就早一天轻松，孩子主动、有责任感的品格也能尽早发展出来。

经常会有这样的案例，孩子在中小学一切还好，上了大学之后直接挂科或不及格。原因就是之前的生活学习都是父母包办或监督，一旦离开了管理和约束，很难实现自我督促，也失去了努力的动力。

所以，在陪伴写作业的过程中，孩子能主动选择的事情一定要让他去做，不要事事安排。即使是制订计划，也尽量让孩子自己完成，先执行试试看，实在不行再由父母和孩子共同通过头脑风暴来确定。

此外，建议在开始前帮孩子一起把当天的作业进行拆解，把看起来很大的任务拆解成一个个容易完成的小目标。让他预估每个小目标大概多长时间能完成，准备按照一个什么样的节奏进行，每学习多长时间休息几分钟（可教会孩子使用番茄钟），这些都让孩子来决定。

有些父母希望孩子一回到家立刻就坐下来写作业。对于小学阶段特别是低年龄段的孩子，在学校待了一天之后，回家先休息、玩耍一会儿再开始写作业，这是很正常的。这个时候不需要去跟孩子较劲。只要跟他约定好要玩多久，然后再开始写就可以。

记住，写作业绝对不是一场父母和孩子争夺控制权、领导权，来证明谁更厉害，到底谁说了算的战争，而是双方互相协作，帮助孩子成为学习的主人的历程。

四、家长尽量不给孩子增加额外作业

有些地方，从小学三年级开始，孩子写作业到晚上 11 点很常见。因为百分之八九十的孩子都报了不止一个课外班，所以作业量大为增加。

那么，放学后，更多的学习时间、更多的作业和更多的学习任务，就能带来好成绩吗?

中国教育研究院对 4 万名小学生的大样本数据调查显示：每天有课外班作业的学生高达 81.50%，更多的家庭作业时间和课外班不一定带来更好的学习成绩，反而存在让孩子身心俱疲、减弱学习兴趣、产生厌学逆反等不良心态的负面效应，给后面的学习阶段带来难以预估的消极影响。

所谓"学伤了学厌了，还不如不学"就是这个意思。

站到未来视角来看这个问题，更是"哪里有压迫，哪里就有反抗"。那些小时候被作业和补习挤占了大量玩耍时间的孩子，进入青春期之后可能叛逆问题会非常严重。

没有一个儿童是内在不愿意上进的，没有一个孩子是天生不愿意学习的，没有一个少年是不渴望让自己变得更好的。

教育的目标是要培养终身的学习者，不是变成功利主义的分数加工厂。"好成绩决定一切"的家庭教育观，会彻底磨灭孩子对学习的兴趣，扭曲孩子纯净、好奇的心灵，抑制孩子活泼的生命力。

让孩子摆脱沉迷——如何拯救爱玩游戏的孩子

Ｑ 家长提问：我儿子六年级了，下学期就要参加小升初考试。这个假期我们工作比较忙，经常把他一个人留在家里。开学前发现他的学习状况有点糟糕，并迷上了手机游戏，一开始还躲着我们玩，后来被抓到过几次，就发生了激烈的矛盾。现在，他说就是想玩手机，不想学习！

前几天我们又大吵了一架，我一气之下把他的手机给砸掉了。儿子也特别生气，大哭了一场，一直把自己关在房间里，不跟我和他爸讲话。昨天晚上我进他房间，看到他正在电脑上打游戏，那一刻我真的彻底崩溃了，想把电脑从窗户里扔出去的心都有。这样下去可怎么办呢？我身边那些玩游戏的孩子，到最后学习都是一塌糊涂，管也管不住的。

家长来求助时非常焦虑，眉头皱成一团，她的愤怒情绪化的语言背后是深深的无奈和无力。谈到和她差不多身高的儿子和她因手机大吼大吵时，她又不由得伤心掉眼泪。她说："老师，我知道这种情况很糟糕，孩子太让我失望了。我原以为他一直都还不错，怎么一下子变成网瘾少年了？！"

也许这样的一幕幕冲突，在很多家庭内每天都在上演。孩子沉迷手机游戏已经成为一个突出的社会问题。如果略微搜索一下和孩子玩手机相关的内容，能出来上百万条信息。市面上只要出现"如何纠正孩子打游戏"的课程，马上会受到大量家长们的热烈追捧。

虽然可以理解这位妈妈着急的心情，但一些意气用事的做法实际上是不太合适的，不仅不能解决问题，反而会激化亲子矛盾。

其实，打游戏并非像家长们所想象的那样简单，是孩子自己不上进缺乏自控能力造成的。要让孩子完全杜绝，不再接触手机、电脑等电子设备，也是不太可能的事情。随着时代发展和科技进步，未来的生活与工作越来越离不开互联网和智能工具。

要真正解决电子产品使用问题，首先有必要在观念上进行一些深刻的革新。

一、爱打游戏，并非孩子的错

1. 对于低龄孩子，电子产品不可替代父母或作为虚拟伙伴

对电子产品严防死守的多是中小学生的家长，而低龄阶段孩子的多数父母对小孩子玩手机却有些放任。

生活中常见的是，一旦小孩子缠着大人玩耍或开始哭闹，父母马上就塞个手机让他去玩。以前电视代替了父母，现在手机又成了新的代替伙伴。笔者曾见到不少幼儿聚在一起刷短视频或者玩游戏，玩的人聚精会神，看的人津津有味；父母们也乐得清闲自在，要么聊天，要么自

己也在一边刷手机。

这里要明确指出的是，对于低年龄段的孩子，电子产品确实越晚接触越好。对于学龄前的孩子，要尽量增加自然玩耍、同伴游戏、绘本阅读、体育活动等。即使接触，时间也应当尽量减少，以开发智力、只用作教育用途、约定好时间作为前提条件。

2. 尽量不要让手机成为孩子逃离现实的避难所

对于在现实生活中缺乏良好人际互动和温暖关系的孩子，虚拟的网络世界会提供更多的成就感和归属感。隐藏了年龄、成绩、相貌、身高等现实因素，他们会觉得网络世界更加有安全感。通过游戏角色的晋级，还能找回自己在学业和社交上找不到的成功感觉，放大自己对世界和他人的掌控感。

手机会让孩子脱离真实世界并远离实际的人际交往，从而成为他们的亲密朋友和心灵伙伴。一旦孩子与手机亲密无间，并逐渐替代现实世界的真实关系，那么只要在现实中受挫，他们就容易频繁地躲到这个虚拟世界中去。

3. 孩子为何战胜不了游戏——以一己之力，如何对抗人性和顶尖游戏设计团队

电子游戏的研发非常精妙，涉及了策划、艺术、程序、运营、销售等多方面的工作。其中非常重要的一点，是大多数游戏公司都是由顶尖心理学、神经科学专家组成的团队，他们会基于对人性的挖掘和生物学统计数据来对玩家进行测试。

试问，以一个孩子的判断力、意志力和认知水平，如何与顶尖的精

准研究人性弱点的优秀团队对抗呢？一个单枪匹马的普通个体，如何能轻易战胜庞大集团耗巨资设计的完美产品呢？

不要说孩子了，成人一旦开始进入游戏状态，尚且不能很好自控，对吗？

因此，在这个时候，父母要做的绝对不是把所有的责任推到孩子身上，动辄指责孩子不上进、缺乏自控力——对抗只能更加降低孩子的能量，让孩子更加势单力薄。父母该做的，是尽量多些理解和共情，和孩子并肩站在一起，去弄明白沉迷游戏背后代表着什么，耐心陪伴孩子，并尽力给予他生活及现实中缺失的部分。比如安全感，比如其他有益的兴趣娱乐。

二、帮助孩子成功摆脱电子游戏控制的方法

1. 前提是建立良好亲子关系

在游戏这个事情上，非常容易引发冲突和争执，请父母们一定要牢记：关系大于教育，关系先于教育。

管道未修好，水是无法流动的。当孩子的心门封闭起来时，一切道理都成了耳旁风，再多的唠叨、指责都是无效的。

如果亲子关系已经受到很大影响，那么，就更需要先修复关系再进行教育了。

2. 和孩子约定好规则，培养孩子的自我管理意识

与孩子就游戏问题进行真诚的谈话和沟通，除了部分自暴自弃的孩子外，绝大多数孩子内心是愿意上进和向好的，也许他自己也正在为

此苦恼：知道这样做不对，但就是管不好自己的欲望！

家长需要做的就是本着"帮助孩子"而非"控制孩子"的出发点，充分倾听对方的想法，在平等尊重的基础上，互相畅所欲言，约定好规则。

比如：一周内的哪些天可以玩？每天最多几个小时，在什么时间段？什么情况和条件下可以玩，什么情况下不可以玩？怎么保证这个规则能够执行？等等。

3. 温和而坚定的态度，重执行，多肯定

不能被严格执行的规则形同虚设，定得越多，效果和父母的信用越差。孩子不自觉其实往往是因为家长自己先打破了规则，比如心情好时让孩子多玩会儿，孩子一央求，就轻易把时间限制抛到一边。说好了玩20分钟，结果延长到40分钟，再哼唧几声"好妈妈，让我再玩会吧"，一个小时就过去了，等看到结果不好时，父母再指责是孩子自己贪玩，破坏约定，孩子也不服气，就这样陷入恶性循环。

在执行中，家长的态度需要温和而坚定——平和亲切，温柔而坚持原则。这样就能在保持良好关系的同时执行到位。一旦孩子开始抵赖或者哭闹，不愿执行规则时，绝不和孩子进行"到底谁说了才算"的权力之争，应把裁判权交还给双方约定的规则。

如果孩子单方面认为原来的规则不合适，也要先执行一段，让他提出充分理由后双方再重新约定。

当孩子愿意遵守规则，能在约定时间主动关机时，即使在刚开始阶段只是偶尔出现，也一定要大力表扬和肯定，将正向的行为逐渐强化成常态化。

当孩子自我管理能力开始上升时，就要及时加大他的自由度和自主管理权，给予更多的空间。要知道，自我管理和外在管理是互相依存又互相制约的关系，外在的管理监督要适度——过少，自我管理的习惯建立不起来；过多，孩子也会畏首畏尾，没有自主意识和自我管理的习惯。

自觉的孩子最自由，同时，自由的孩子最自觉。

4. 转移注意力寻找替代品，多参加户外活动

不少玩电子游戏的孩子真实地表达过，玩的时候无法自拔，但如果玩的时间较久，游戏结束时，内心总是会有一种怅然若失的感觉，并陷入自责和愧疚，心情仿佛也没那么好。其实，这和大脑在活动中产生的激素成分有关。

大脑在游戏中产生的兴奋物质是多巴胺，它会让人紧张、刺激、充满激情，同时判断和思维力降低，有上瘾作用。但人的大脑不可能长时间处于过度兴奋中，因此这样的感受往往不持久，激情高潮过后也容易进入低谷。而运动、阅读及其他的替代方式产生的体内激素多是内啡肽，具有镇静、舒缓作用，给人满足、轻松的感受并能持续较久。比如慢跑之后、欣赏音乐及阅读时，脑内的内啡肽会大量分泌，人也会变得理性、喜悦而平和。

5. 真正帮助孩子解决学习问题

虽然孩子对游戏趋之若鹜，乐此不疲，但人都具备天然向上成长的驱动力。每个孩子内心深处都有一颗积极的种子，只是有些会蓬勃生长成为支撑自己的大树，而有一些则被埋在泥土中，尚未发芽。

说那些玩游戏的孩子完全不在意成绩，这并非事实，有时只是表面上假装不在意而已。没有孩子不愿意在学业、成绩上得到肯定和赞赏。

如果帮助孩子真正解决了问题，随着成绩的良性改变，游戏带给他的影响力和满足感就会逐渐减少。

如今电子产品已经渗透到许多领域中，和孩子的生活、社交以及同伴之间的交流方式都在产生关系。父母和老师想把手机游戏彻底从孩子的生活中清除出去，保持孩子完全处在一个真空状态，也许不太可能。我们更容易做到的是给予更多理解和帮助，让孩子摆脱"被游戏所控制"，而不是将之看成洪水猛兽而彻底清除它。

让孩子建立界限——孩子喜欢拿别人东西怎么办

Q **家长提问**：我家孩子皓皓上四年级，学校是寄宿制的，老师反馈他会经常偷偷拿同学的东西，或将班级公共的一些小物品占为己有。家里条件并不差，我想不通他为什么还要去偷偷拿这些小东西，有些甚至只是一块巧克力、一袋小零食、一支笔。我们和老师都教育过他多次，他说知道不对，但就是管不住自己。上星期他返校后，他妈妈居然发现钱包内的钱少了100元，打电话给他，他才吞吞吐吐说自己偷偷拿了，问他干什么用了，他怎么都不回答。我们该怎么办？

家长的问题需要分两个部分来解答，首先第一个部分是孩子控制不住自己的行为，偷偷去拿别人的小东西；第二个部分是关于这100元钱的失窃。

面对孩子的问题，父母最好在事情发生时不要急于处理这个行为，而是想办法搞清楚孩子偷拿的理由。偷东西的行为只是一个结果，只有找到促使事情发生的原因，才能釜底抽薪，真正彻底解决问题。

在征得家长同意后，皓皓在暑期参加了夏令营，老师们近距离观察了一段时间后，和孩子进行了几次交谈。结合其他一些有类似偷拿行为的孩子们的情况，梳理出的原因大概是以下这些，供其他家长参考：

一、儿童偷拿他人物品的原因

1.界限不明

孩子在"物权意识"的关键期没有建立好秩序，对于"我的"和"他人的"，没有明显的界限。

儿童一般在两三岁时会出现明显的"物权意识"，他们开始对自己的物品有界限感，会明确提出"这是我的""不能摸、不能碰"等。而这种信号往往被家长误认为孩子突然变得"自私"了，比如说自己的玩具不让别人玩，拿到的物品不愿意分享给别人等。

有的家长会强行要求孩子学会分享，甚至把物品从孩子手里抢过来交给小朋友玩。而另外有一些家长则会认为只要孩子喜欢，那就满足他的一切要求，不管是谁的东西，尽力要过来给孩子。这两种做法都会造成孩子的物权意识偏差。生活中我们经常遇到这样的例子，有的孩子只要看中什么东西，就不顾一切想要占为己有，否则就不依不饶，大哭大闹。如果不能公开得到，可能就会偷偷拿走。这就是物权意识不清晰造成的结果。

2.合理欲求未满足，匮乏感

偷偷拿别人物品，第二种原因是：父母平时管教特别严格，孩子的一些合理需求都不能得到满足，总是处在有匮乏感的心理状态下。内心非常羡慕，现实又得不到的这种心理，就会导致孩子出现偷拿物品的行为。

有一个女孩子，头发剪得特别短，装扮也偏中性化，但她非常喜欢收集各种各样的发卡、头饰等。她自己直言在陪闺蜜去影楼拍照时，总有一种控制不住的冲动，想把桌子上琳琅满目的饰品偷偷带走几样。当回溯童年时期，她才意识到，从小到大爸爸妈妈从来不允许她留长发，摆弄女孩子喜欢的那些小玩意儿，怕她学会了打扮就会分心影响学习。虽然她现在成年后已经形成了这样中性的穿衣风格和习惯，但未满足的合理欲求和内心深处始终认为自己"不够美""不配美"的这种匮乏感，让她看到这些物品就想搞到手。她也坦率地跟朋友们讲，花钱购买来的没有感觉，只有偷偷拿了别人的才能满足。

3. 粗心大意的父母

第三个原因是：父母本身是粗线条，家中物品是否缺少，钱包里有多少钱，根本就没有意识，也完全没有整理的概念。孩子耳濡目染，也就养成这种大大咧咧的习惯，自我的物品管理是没有意识和习惯的。自己的东西丢了，就随手拿起别人的用；没有钱，就从爸爸妈妈的钱包直接拿，这样的孩子也不在少数。

我们甚至发现有的孩子一个月都在使用别人的耳机，孩子回答说："看到在桌上拿起来就用了。"

4. 同伴环境影响

第四个重要的原因是：同伴之间不良行为的影响，你拿我的，我拿你的，或者大家私下商量好，相约结伴去拿公共的东西。

提问中的皓皓就属于这种情况。他在转学到这所学校之前，于另一所私立学校读书，当时的管理太过宽松，崇尚"自由和天性"的教育理念。同学之间存在这样的风气，会集体干点坏事，搞破坏或者偷偷拿东西。

据他自己说，班级内有 2/3 的人会有这样的行为。老师也一直未采取有效的措施，睁一只眼闭一只眼，并在和家长的沟通中刻意隐瞒了这样的状况。刚开始的时候，他也会有一些负疚感。但跟大家一起，这种负疚感就会减轻，因为法不责众嘛。再加上也没有承担什么严重的结果，最多被老师不痛不痒说两句就完事，渐渐就养成了坏习惯。

二、有效的纠正方法

1. 满足合理需求

满足孩子的合理化需求，鼓励孩子有需要的话就大方公开地向父母去表达。致力于让孩子形成内在自制力，建立约束自己行为的动力，而非总是受外界的严苛逼迫。

2. 父母不要总抱怨生活不易，在孩子前哭穷

笔者曾经在某次冬令营遇到一个 7 岁的小女孩，她偷偷拿小朋友的零花钱，一元、两元在枕头下面攒了一堆。后来她被小伙伴们投诉到教师处，老师耐心地询问后发现，这些钱她并不是去买零食或自己花掉，而是准备结营后要拿给妈妈的，因为她觉得妈妈特别不容易，很辛苦。

当老师与家长进行沟通时，爸爸思索好久才恍然大悟，告诉老师："这是孩子第一次短期离家生活，之前没想到会这样。"可能原因是妈妈为了从小培养孩子勤俭节约的习惯，会经常在孩子面前有意说"妈妈好累呀，今天上班特别疲惫！爸爸妈妈工资少，要省钱"。比如带孩子一起逛街时，遇到了自己想要的衣服，妈妈就会故意说"买不起，还要好好攒钱供你上大学"诸如此类的话。

虽然出发点是很好的，孩子也懂事，但这样的教育做法实在有点不妥。这对孩子是一种负担，内心随时会有一种内疚感，觉得自己占用了家里太多的经济支出，从而对于获得金钱产生强烈的渴望，甚至当孩子长大之后，可能会影响到她的消费观，会觉得消费就是一种犯罪。

3. 不贴标签，不上纲上线，沟通为先

伟大的思想家卢梭曾说："要尊重儿童，不要急于对他做出或好或坏的评判。"

几乎每个孩子都有过"拿"别人东西的经历，发现孩子的偷拿行为后，千万不要随便贴标签，使用"小偷""盗窃"等词语，或者把事情严重化。对于小学阶段的儿童来讲，偷拿东西的经历或多或少都有过，这和成年之后的偷盗完全是两个概念。一旦给孩子上纲上线、贴上了"小偷"的标签，再想去纠正他的行为就很难了。更不要用恐吓暴力的方式来解决问题，诸如"警察会来抓你""长大了要去坐监狱"或者打骂等。

可以用耐心、温和的态度，在孩子放松的心态下与之沟通：

- 表现出好奇，想办法了解孩子拿东西的目的。

- 针对孩子的目的去了解他的需求，例如拿出去炫耀，证明自己，还是自控力不强。

- 和孩子谈心，强调不可以不告诉家里人或别人就直接拿东西；要坚定而温和地告诉孩子，这是一个人必须遵守的规则。

- 与孩子讨论，有什么别的办法能达到目的、满足需求，或者如何调整自己的目的与需求。

- 告诉孩子，如果有这样的念头产生，要及时告诉父母，寻求帮助。

比如皓皓，我们会告诉他："如果忍不住想偷偷拿东西吃时，可以来找老师，老师一定不会批评你，会帮助你。"最初会直接拿给他其他食物吃，后期逐渐会告诉他："再忍耐一下，马上就开饭了，所有人都会发好吃的。"皓皓后来慢慢改掉了偷拿的习惯，也学会了直接表达自己的需要。

4. 坚守原则，及时纠正孩子的行为，保持观察和监督

孔子云："少成若天性，习惯如自然。"

小时候的坏习惯如果不加以纠正，可能会引起很严重的后果。原则的问题上，需要家长及时出手制止；并且在孩子这种行为得以改善之后，还要继续保持密切的关注，多监督一阵子，看孩子是否有反复，是否真正改掉了。

5. 务必警惕孩子身边的不良朋友

有的孩子偷拿家里的东西是被别人唆使的。某心理工作室曾经接待过一个二年级的女生，班上有个男生"命令"她："明天给我带200

元钱来，不许告诉家长和老师。"这个小女孩儿就乖乖地从妈妈的钱包里拿了钱给了这个小霸王。这已经属于校园霸凌的范围了。

有一位父亲告诉我们：他发现，近段时间儿子每周一早上都要50元钱，如果不给，就哭闹得很厉害，不肯去上学，并表现出很大的委屈和恐惧。身为警察的他起了疑心，就请了一天假，在学校附近观察。结果发现，放学后儿子一出校门马上被两个高年级男生拦住，儿子轻车熟路地交了50元，才得以脱身，他们紧接着又拦下了另外一个小孩子。这位父亲非常气愤，当他问儿子为什么不告诉爸爸妈妈时，孩子的回答是："他们说不能讲，如果说出来，就会使劲儿揍我！我见过他们打我的同学。"

儿童由于年幼，在遇到外界胁迫或恐吓时，往往不能保护自己，很难及时向成人表达及求助。这就更需要家长多一份细心和关注，敏锐地觉察孩子的异常情绪和行为，帮助孩子解决问题；也需要学校、教师对霸凌和索要钱物的事件引起足够重视，整肃校风校纪。

笔者在儿时也曾经悄悄拿过邻居大姐姐好看的小发卡，回家被妈妈发现后，并未受到责骂。妈妈马上带着我和"赃物"，上门去和姐姐道歉并将发卡归还给人家，那位姐姐非常宽容，直接把发卡当作礼物送给了我。这件事情让我印象深刻，懂得了如何通过正当方式表达需求，如何遵守自己和他人的物权界限。从此之后，我再也没有拿过别人的物品。

智慧的父母们看到此处，是不是心有同感？"勿以善小而不为，勿以恶小而为之。"教育孩子的时机就在日常的点点滴滴处。

以上就是对儿童偷拿物品的原因及纠正方法的梳理，相信家长们一定能够按图索骥，找到合适的方式对孩子的问题进行教导和纠正。

让孩子学会自律——如何让孩子从他律变为自律

Q **家长提问**：我的孩子上六年级，让我比较头疼的是，他的成绩好像直接跟我有关系。我只要抓紧他的学习，马上就上去，有时还能排到班里前几名；如果不抓，马上就下滑到班级中等靠下。

我是单亲妈妈，最近这段时间换了份新工作，确实特别忙，经常下班回家就很晚了，人也疲惫不堪，顾不上他太多，结果成绩直线下滑。前天班主任找我谈话，说必须盯紧他，成绩掉得太厉害了！

老师，这什么时候是个头儿？他什么时候才能学会自己管自己呢？

这位妈妈在叙述时几度哽咽，脸上写满了焦虑、无奈以及生活重担带给她的疲倦之色，让人看了很是心疼。

她提出的其实就是孩子的"自律"和"他律"问题。从大量的案例看来，如果孩子的自律性没有形成，一直在他人的监督和约束下，才能完成学业和生活的话，那什么时候都不能"到头儿"。

日本经营之神稻盛和夫老先生把企业中的人分为了几种：自燃型、他燃型和不燃型。

自燃型的员工具备强大的动力，不断自我激励、自我前进和自我管理。他燃型的员工不会自己燃烧，需要他人的推动和赋能，如此一来他才能被激发，才能成为企业的可靠人才。最后一种不燃型员工，只依靠严格监管才能做事和完成工作，甚至什么样的人和事都不能点燃他内在的动力，最终一事无成。

那么，我们希望孩子未来成为哪种类型的人呢？

一、"自律"和"他律"的区别及关联

1. 虽然讲自律性，孩子的他律性是基础和起点

电视剧《大宅门》里的主人公白老七从小顽劣，他的师父纪先生很厉害，说过这样一句话，可谓是教育的精髓：孩子得管，但是，不能管死了！说到底，把握好这个度最重要。

如果不管教，小时候可以说可爱顽皮，长大后太放纵就变成了惹人厌的熊孩子；管得太过，孩子的创造性和自主意识又容易被抑制。

那这个合适的度该怎么衡量呢？

首先，从年龄的角度讲，0~3岁之前不要对孩子限制太多，要重陪伴少管理。重点年龄是在儿童期的4~10岁，但是比重一定要随着年龄增长逐渐降低，青春期时能尽早放手就放手。

其次，不仅和年龄段有关系，不同的孩子以及一个孩子的不同阶段也不尽相同。比如偏压抑、退缩的孩子，就要多鼓励、少限制；而偏外向、浮躁的孩子，就要强调规则和界限感。前文讲过的案例放在

这里同样适用。景洋老师曾给过一个特别乖巧的小女孩布置过一项特殊的作业：做几件以前从来不敢做的"小坏事"。当时另一个小男孩听到了很兴奋，说："老师，这作业太好了！我能不能也做这个作业？"老师笑着摇摇头说："你的作业是绝对不能在家干坏事。"

评估是否管得过严了，有两个标准：一是孩子情绪是否正常，是否开心快乐；二是家长的管教是否有效。凭借这两点，就知道做得合适不合适了。

2. 实际上，完全"他律"培养出来的孩子，容易缺乏自主性和内在动力

很多家长推崇这样的观念——孩子应该从小就严格管理。

其实，从小在他人严格约束和监督下长大的孩子，自我的空间是被压挤缩小的状态，很难去建立自主性和内在的东西。道理很简单，父母都管完了，孩子哪有机会去尝试和体验自我的管理呢？

可能有的家长会不理解，有些中学要求很严格，某些单位也是严格约束和监督的环境，为什么也会出不少人才呢？这是因为每个成长阶段肩负的任务和面对的冲突不同。

童年时期，孩子是属于天性绽放比较多的时期，在这个年龄段如果严格约束、限制得过头了，对个体发展的破坏性就比较大。

他律下的儿童除了缺乏自由空间之外，内心是比较压抑、想反抗的。因此，环境的监督和压力一旦消失，个人的懒散马上就会占据上风。

不过，虽然身体舒服了，内心又会不时有一个小声音在提醒自己："你这样是不对的，这样是不好的，是不被认可的。"那就会陷入一

边不愿上进，一边不停地去谴责自己的纠结中。

长此以往，内在的力量被极大地抵消内耗了，成年之后也很难做到坦然地与自己好好相处。这样的人容易自我消耗、压抑内疚，总是在"勤奋的懒惰"中挣扎。

很多人貌似每天都很勤奋，忙忙碌碌，但实际上一直在原地打转。只看到他从早到晚在工作，却看不到成果；只看到他在不停地刷课和学习，却看不到产出和进步。

其实这样的人还一直活在变相的"他律"下。虽然已经成年了，离开了父母和监督的环境，但他总要去不停地寻找外界的压力来督促自己向前走，并不知道内心真正想要的是什么。在不停地向外抓取和貌似努力的过程中，内心会多少得到一些平衡和安慰。

我们更希望一个孩子的生命状态是学习时全力以赴、积极上进，休息时就活在当下，享受玩耍的快乐，这样才会怡然自乐，内在平和。

3."自律"和"他律"之间可以转化

一定条件下，自律和他律之间是可以转化的，我们更期待一直处于管理状态下的孩子慢慢转向自我管理，只有这样，家长才能真正地放手，孩子也才能够真正独立。

那这个条件是什么呢？

第一，清晰的目标。

这个目标是双方认可和接受的，最好是孩子自己定下来，家长协助管理完成。这个时候，外在的约束就会逐渐向内在的动力转化。孩子会认为家长在帮助他，而不是限制他。注意目标要清晰量化，比如只喊出一个目标"我要减肥"，就不如"我在×月×日之前要减掉5斤，如果做不到，我的零花钱就交给妈妈来管理，请你们来监督"。这样更加清晰，也便于执行。

这叫作自律不足外力来助。注意是"协助"，不是控制和代办。

第二，满意的结果。

经过一段时间的努力可以得到满意又显而易见的结果，并且这个结果是孩子本人希望得到的，能增强自信和成就感，后面就会"习惯成自然"。比如：在练琴时家长始终进行监督，最终孩子爱上了弹钢琴，参加了音乐会演出，获得了荣誉。

第三，"痛定思痛"。

他律转自律还有一个条件是：吃了比较大的苦头、栽了很大的跟头之后，幡然醒悟，开始痛改前非，对自我严格要求。不过，这种情况并不常见，多发生在18岁之后或重大事件发生的时期。

二、培养孩子自律性的关键点

1. 自律性的前提：被信任，有意识培养自我管理的习惯

自律性高的孩子：目标清晰，行动有效，人生有梦想。

在冰山模型图（如图2-2所示）中，可以清晰地看到是底层的核心思维以及价值观决定了表层的学习相关行为。要想深刻地影响一个孩子，应该影响他的思想和思维方式，进而改变他的行为，才能达到"长治久安"的效果。

这幅图同样适用于自律性的培养和塑造，而且家长必须关注的几

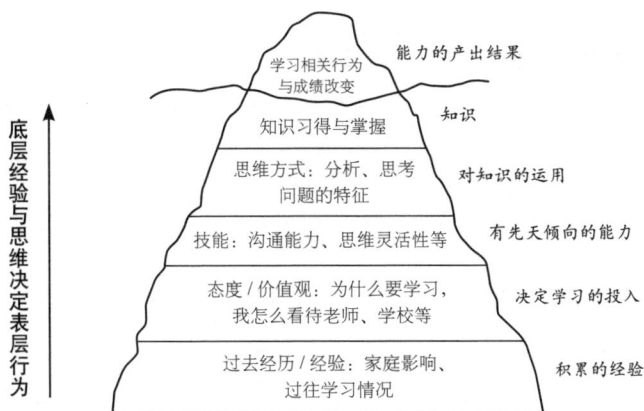

图 2-2　冰山模型图

个问题是：

- 家庭的影响。

- 以往对于孩子的信任程度。

- 孩子的自主意识：我为什么要建立自律性？我怎么来看待我自己？我是个什么样的人？

- 孩子对自我的管理习惯如何？

- 如果遇到该完成的任务和放纵的欲望发生冲突时，孩子该怎么去选择？

　　在前面的章节中也提到这样的一个观点：自由的孩子、被信任的孩子最自觉。如果从小家长并未对孩子进行过多的干涉和过分的帮助，放手让孩子独立去完成一些挑战，并在这个过程中收获成就感，那么孩子对自我的控制力和自律性就会提高。

越信任孩子，越有意识地培养他自我管理的意识，他才越可能自律。

2. 搞清楚成长的动机来自哪里

由一个人内在需要引起的动机叫作内动力。在外部环境影响下产生的动机叫作外在动力。

这两种力量在推动孩子的行为活动中都会发生作用。比如：由于认识到学习的重要意义而努力学习的动机是内动力。为了获得外界的奖励或者因外界的压力而学习的动机是外在动机。觉得数学真有意思而努力探索数学的乐趣是内在动力，为了父母的表扬或躲避责骂才学习是外在动力。

内动力需要通过经历和鼓励被不断激发，它是别人给不了也无法代替的。

同时有这样一个重要规律是家长需要了解的：外在动机只有和内在动机一致，不损害内部动机的情况下才会带来积极的结果。

如果外在的动机作用远远大于内在的，比如日常主要靠外部奖励和施压的推动，那么，当孩子对于外部奖励不满或以往的压力无效（消失）的时候，他的行为、活动的积极性就会大大降低，反而会毁掉内在动机。

这个规律就可以解释为何小时候看起来非常优秀的优等生，在离开父母后变得颓废消极，胸无大志。这位提问的妈妈，她的孩子明显就是因为妈妈的施压和监督才被迫去完成学习过程，一旦离开了妈妈的"帮助"，自然就没有动力去努力。所以，我们要更多地去激发孩子的内在动力，逐步减少外在的动力，才能帮助他自律。

3. 家长的自律意识对孩子有着至关重要的影响

此外，通常来说，自律意识比较高的父母，孩子自律性相对会好一些，当然也不绝对。有时非常遵守规则的父母也会培养出比较叛逆、不讲道理的孩子，这和溺爱的方式以及亲子关系相关。但是，自律性不好的父母，孩子的自律性大致是比较差的。

模仿是孩子的天性使然，父母更是孩子最亲近的模仿对象。因此，一个天天躺在床上看手机、打游戏的爸爸，怎么能培养出一个主动学习、整洁有序、认真做家务的孩子呢？

第三章

遇见有自信的孩子

让孩子敢于发言——促使孩子积累正向的表现经验

笔者能够理解这位妈妈的担心，担心孩子不自信而影响未来，很多父母也都会有类似的经历。自信对一个人未来的影响是深远的，就像案例中的琪琪，现在失去的是一次上台的机会，未来可能就会失去一份不可多得的学习或者工作机会。

孩子不愿意上台，一种原因可能是对作品不熟悉，没有把握，琪琪显然不是这一种；另一种是缺乏舞台经验、没信心，不愿意上台，而琪琪属于后者。有人说"真实的生命，每桩伟业都由信心开始跨出第一步"，而琪琪正是缺乏跨出第一步的信心。

是什么影响了孩子的自信呢？

一、自信与否与过往经历有关

1. 失败的阴影

心理学有一个关于"心锚"的概念，生活中许多东西被不同的人看见便会产生不同的心情。例如有人看到酒便会想起和朋友相处的日子，但有人看到酒会恐惧，因为喝酒进医院遭受的痛苦，像这种能够刺激产生特别感觉的东西，我们称之为心锚。

孩子也一样，如果弹钢琴经常被老师和父母肯定，会每次都迫不及待地想要练琴；相反，如果因为弹钢琴被老师批评，被父母责骂，那么下次看到钢琴就会想要逃离。如果孩子对于上台或者对舞台有不好的经历和体验，比如出现过失误或者没有获得自己想要的成绩等，那么下一次看到舞台就会产生恐惧感，自然也就不愿意再上台。

学习也是一样，上一次举手发言，没有准备好，所以语无伦次，同学们的嘲笑、老师的质疑都会被孩子敏感地记下来，那么下一次他就再也不愿意举手发言了。因为一举手他就会想到上次发生的事，变得紧张。这种负面的影响如果不能及时解决，就会持续很久。

2. 没有接受训练

"知识靠学习获得，能力靠训练获得"，无论是兴趣还是学习都一样。

有个妈妈告诉笔者，女儿今年上五年级，学习很努力，成绩也不错，但是无论孩子怎么努力，班里总有几个孩子就像固定在了前几名的位置，孩子每次都排在第四或第五，超越不了。后来一次聊天中得知，这几个孩子都在外面上辅导班，有的上奥数，有的上英语，有的甚至在学习六年级和初一的内容。这样想来，孩子没有额外的训练和辅导，自然考不过她们。从应试上来说，训练的结果是显而易见的。

对于经常参加各种舞台演出的小朋友和一个舞台零经验的小朋友而言，前者在上台前会更加从容和自信，因为已具备了舞台表演的经验和能力；没有经过训练和积累的小朋友，面对不熟悉的环境，自然会表现出不适应和紧张。

3. 父母的消极语言和情绪

"你又做错了，真是个笨家伙！""你看人家×××，你连80分都考不到！"父母总是试图通过批评、指责、比较来帮助孩子进步，却不想在这个过程中深深地伤害了孩子的自尊和自信。

早晨孩子起床后，妈妈说"你又快迟到了"。妈妈叹气的声音，孩子觉得特别刺耳。吃完饭要出门，妈妈说"记得带今天的书，别又忘了让老师给我打电话"，孩子心里想似乎自己总给妈妈添麻烦。来到教室看到语文老师已经在教室了，老师责怪他："你怎么又迟到了，就不能早一点起床吗？"孩子觉得自己什么都做不好。刚坐下同桌递过来月考的试卷，他一眼就看到了醒目的70分，失落的瞬间，他想到了爸爸妈妈看到成绩后的失控场面，自己总是不能让他们满意……经历过上面这些场景，此刻孩子的内心是这样的——"我什么都做不好，爸爸妈妈不满意，老师不喜欢，同学们都看不起我，我还有什么价值，我是个无能的人！"

如果这时刚好老师提出问题让同学们举手回答，孩子还会举手吗？

父母是孩子最重要的人，父母说的话孩子会当真，也会牢牢地记在心里，甚至内化为情绪的一部分，影响孩子看待问题的角度。一个沉浸在父母消极语言和情绪中的孩子很难发展出较高的自尊水平，即使遇到自己能够解决的问题，也会因为缺乏自信而放弃尝试。

那么，如何帮助孩子建立自信呢？

二、给孩子进步的机会

1. 接纳孩子的不完美

"没有完美的孩子，只有追求完美的父母。"父母期望孩子做到完美，自信、勇敢、大方地展示自己，而事实却是孩子不能像其他孩子一样满怀信心地举手，落落大方地上台表演，这会让原本期待完美结果的父母感到失落和焦虑。

如果父母可以理解孩子不敢是因为缺乏训练，理解孩子害怕父母的高要求，懂得孩子正在面临的心理压力，接纳孩子当下的状态，不再用"别人家的孩子"的标准来要求孩子，降低自己的期望值，调整自己的心态，你会发现自己不再焦虑，孩子似乎也不再那么糟糕了。

父母可以多采用接纳句式：妈妈知道你_____（原因猜测），没关系，_____（可能实现的解决办法）我们再去做。

例如，"妈妈知道你有点紧张，所以不愿意上台，没关系，那就等你准备好了我们再报名""妈妈知道你担心自己做不好，不想举手，没关系，等下次准备好了我们再举手"。

当父母不再拘泥于缺点，开始接纳孩子，发现孩子身上的闪光点时，自信的种子就会在孩子内心发芽。在包容的环境中，孩子才会慢慢开始改变，最终战胜困难不断成长，迎来自己的"开花期"。

2. 帮助孩子正向积极地应对外界评价

他人不恰当的语言和情绪会让孩子形成错误的自我评价，帮助孩子正确认识这些评价有助于减少对孩子的负面影响。

下面是一些有用的方法：

方法一：多做积极的自我评价。

鼓励时，可以将主语由"我"换成"你"，比如"你比上一次整理书包节省了 10 分钟，你一定感觉自己棒极了"。

方法二：多进行自我肯定。

无论遇到什么问题，都要让孩子明白"我是最棒的，我是有价值的，我是被人需要的"。

方法三：善用放大镜，多了解优点。

当我们抱怨时，注意力会集中到对方的缺点上，而忽视优点；而当我们欣赏和感恩时，就会吸引更多积极的事物，并且形成一套习惯性的说话模式。

一位儿童心理学家曾说："每一个孩子都是小天才，只是很多父母缺少发现的眼睛。多用欣赏和感恩的心态发现孩子身上的闪光点，或许有一天孩子就会成为父母期待中的样子。"

3. 为孩子创造舞台

有人说："孩子也许不会因为优秀而登上舞台，但是会因为登上了舞台而慢慢变得优秀。"因为舞台能够增加孩子的胆量，激发他的表现欲，让他从中获得自信。有经验的孩子往往不怯场，面对公众也不会感到紧张，能够应付自如，所以父母要多让孩子积累舞台经验，多带孩子参加各种舞台表演。

舞台一：家庭小舞台。

父母可以从"家庭小舞台"开始做起，先在家里找一片空地，为孩子提供一个表演区，做一些简单的装饰，摆上孩子的游戏玩具或者乐器，使小舞台有一定的仪式感。让孩子在舞台上展示自己，可以讲故事、跳舞或表演相声、话剧、乐器等，让孩子享受表演带来的快乐。

心灵手巧的父母还可以用气球为孩子准备一个舞台的拱门，在地上铺上一块地毯，让舞台看上去更温暖、有气氛。如果可以再添加一些灯光的装饰，效果就更好了。

在孩子演出的过程中，父母需要做到多鼓励少批评。家庭小舞台的宗旨是分享和快乐，让孩子感受来自父母的尊重、鼓励、认可，以及家庭幸福温馨的场面所带来的自信和勇气。

舞台二：社交朋友圈的小舞台。

平时也可以和孩子熟悉的小伙伴的家庭多在一起互动，共同为孩子们提供一个表演游戏的场所，可以演小品、排练话剧等。由于孩子之间本来就是朋友，互相之间比较熟悉，又是非正式的表演，以玩耍开心为主，自然就不会太紧张。

舞台三：社会大舞台。

大型活动不同于家庭小舞台，不同的大型活动有不同的主题，例如学校的绘画比赛、英语演讲比赛、主持人大赛、小品大赛、文艺汇演等。学校外的兴趣班表演，都是孩子参加舞台表演的最佳时机，父母应该多鼓励和引导孩子参与这些大型活动，必要的时候应和孩子一同参与，这样有助于增强孩子的自信心。例如学校组织晚会、走秀的节目，父母可以和孩子一起参与，因为有了爸爸妈妈的陪伴，孩子会因此变得积极主动，勇于尝试。

鼓励并带孩子参与社会大舞台，体验不同的活动内容，既可以扩展视野、增长见识、丰富阅历，同时也有助于孩子自信心的建立和培养。

自信心是孩子不断成长和进步的动力源泉，即使面对困难，也会勇于尝试；相反，一个失去自信心的孩子做事会畏首畏尾、害怕失败、放弃尝试。有人说自信心是决定孩子未来命运的一扇窗，所以无论什么时候，父母都要付出足够的时间和精力帮助孩子去打开这扇"人生之窗"。

让孩子喜欢参与活动——如何消除孩子抵触活动的心理

Q 家长提问：学校每学期都会组织一些活动，比如体育比赛、汇报演出、作文比赛等。每次问孩子的时候，她虽然心里知道我想让她参与，但态度比较勉强，问急了就说不愿意报名。看到那些展示自己才能的孩子，我这个做妈妈的心里真的挺羡慕，既不想勉强女儿，也放不下这个问题，挺纠结的，如何才能让孩子主动参加学校活动呢？

学校活动对于孩子来说是社会化活动的初始阶段，对儿童的个性形成和社会化发展程度影响很大。

如果孩子能顺利地完成学习课程和学校活动，他就会获得自豪感，战胜自卑和焦虑，这也会使他在长大后对独立生活和承担更大的任务充满信心，并建立起"自己是有能力的"这种信念。

这种信念，仅仅是体现在那些能成为主角的孩子身上吗？不是这样的。一个圆满的活动需要多角度支持、参与和协作，既需要主角，也需要配角，既需要表演的人，也需要坐在下面使劲鼓掌的人。

因为孩子具有不同的气质类型和个性，展现出来的未来社会化发展方向也不同，所以在这一点上，家长真的是没必要只羡慕那些倍受关注的孩子。

如果家长希望孩子积极参与学校活动，需要从以下几个方面来入手：

一、放弃自己的期待和评判，认真倾听孩子真实的想法

虽然不同的孩子有同一种行为表现，但原因可能各不相同。比如同样是哭，背后的原因可能千差万别。有的孩子爱哭是想吸引大人的关注，有的是因为真的胆小害怕。有的哭出来才能顺利地表达不满，而有些孩子爱哭，只是想用这种手段来得到自己想要的东西。

孩子不参加活动，可能有下面一些原因：

- 孩子经常性对自己有质疑，自信心不足。
- 孩子对这项活动真的不感兴趣，更喜欢其他一些集体活动。
- 和老师及同学之间的人际关系不太好。
- 比较在意他人的评价和目光。
- 孩子是愿意参加的，但由于自身能力限制，不能在活动中赢得肯定和关注，所以，故意做出不愿参与的姿态。
- 父母的期待对孩子造成压力。为避免失败后面对结果，本能地逃避。

如果不和孩子认真地沟通，引导孩子发现和表达自己内在的真实想法，我们很难搞清楚真正的症结在哪里。如果能够耐心把原因搞清楚，那从哪方面入手最有效也就清晰了。

当父母的谈话不是抱有某种目的和期待，而以一种轻松、开放式的倾听心态进行时，往往就会听到孩子内心最真实的想法。

二、通用的方法原则：接纳＋允许＋鼓励

1. 接纳孩子的暂时拒绝，不逼迫

如果孩子还未做好准备，那么家长一定不要千方百计地逼迫孩子。强扭的瓜不甜，这样不仅是违反孩子意愿的，可能还会适得其反，激起孩子更大的抵触心理。

如果是学校统一要求的活动项目，父母要先做好孩子的心理工作，尽量劝其参加。如果孩子实在不愿意，要先和学校去进行解释和沟通。对于自愿参与的活动，可以多鼓励孩子体验这个过程，不必强调结果，同时要尽可能尊重孩子个人的意愿。

2. 允许孩子先成为在台下鼓掌的人

也许有的孩子很享受站在舞台上被大家关注的感觉。也许有的孩子就是支持型的人，享受去关注别人、欣赏别人的感觉，他更乐意做一个静静的观众，那么就请允许孩子做那个在台下鼓掌的人。

父母的期待更多是属于父母的，不该让孩子费力背起来。

日本的小学很注重集体项目，很少有个体竞赛项目。每个孩子在里边都有存在感。中国当前的教育现状，更强调个体的优秀和胜出。无论学习成绩还是比赛和活动，不仅仅在班级内，甚至在家长群里，都在暗暗较量争夺家长之间的重要度排名。

提倡竞争的同时，也不要忽略了这个世界本身是非常丰富的、多

姿多彩的。不同的植物都能找到适合自己的生长环境；不同的水果都能有对它们喜爱有加的人群；不同特质的孩子，只要品格好，未来都能够有发挥自己优势的一片天地。比赛的优胜者是一个班级内的前三名，毕竟是少数人，最终把目光放眼到终身来看，也不一定比支持者和普通者过得更幸福。

当孩子真正做好准备时，也许他就愿意站出来了。即使不愿意参与活动，只愿意鼓掌，只要他开心和自在，主动认真地去鼓掌，又有什么关系呢？

3. 获得安全感和放松，从身边小活动开始鼓励和培养

如果父母能接受前面两个观念，评估孩子的真实情况后，仍然希望培养孩子主动参与和展示意愿，就可以从身边创造一些小活动、小机会开始。

比如：孩子不愿意在学校参加活动，可否邀请几个亲近的小伙伴来家里举办一个小型聚会，担任主持人？或者一两个相熟的家庭结伴外出旅行时，即兴搞一个小活动或者有意思的小游戏？或者亲戚朋友聚会时让每个人都讲几句话，让孩子也参与？

记住：孩子展示的前提一定是气氛愉悦，宽松民主，心情放松，得到大力肯定和鼓励，让他能从中感受到乐趣。

同时不能忽略的一点是孩子的社会化发展应从幼儿期开始，家长在幼儿园阶段就应加以关注和重视，多鼓励孩子参与集体活动，和其他的小朋友们一同玩耍，不是等待年龄渐长甚至发现问题后再去培养和校正。

4. 和老师沟通好，创造表现机会

大多数的老师都是非常爱孩子，愿意帮助学生进步的，父母要主动去建立良好的家校关系，和老师沟通约定好，在不给孩子过多压力的情况下，循序渐进地给予他一些表现的机会。比如先从上课举手发言，给大家做个示范动作，当众解答一个简单的题目等开始。

只要家校关系融洽，真诚地向教师去求助和表示感谢，相信大多数教师都会很乐意帮助孩子。

总结一下：首先家长尊重孩子的想法是对的，非常值得肯定。接下来要做的，就是搞清楚背后的原因。把对孩子是否能主动参与的心理纠结，转换为如何通过实际行动帮助孩子破解"绊住上台脚步"的障碍上，再智慧和巧妙地创造机会。

无论最终的结果怎么样，是否能够达到家长的预期，在这个过程中亲子关系一定会有很大的提升。

要让孩子非常开心地感受到"无论怎么样，父母都是在用心地陪伴我，能够接纳我，我是安全而放松的"，这是孩子远离自卑最重要的基础。只有做到这一点，他才愿意一步步走向勤奋、自信和主动。

让孩子摆脱焦虑——遇到重要考试"掉链子"怎么办

Q 家长提问：老师，我家孩子今年上六年级，平时学习很用功，每次月考成绩都能进入前 10 名，但一到期中考或者期末考这种重要的考试，就会考得不尽如人意。我们告诉孩子考试时应尽量放松，不要在意结果，但似乎没有多大的效果，这该怎么办？

毕业班的孩子学习压力和升学压力比较大，而成绩的好坏将决定孩子能否顺利考入理想的初中，偶尔一次发挥失常可以理解为特殊情况，但是如果成为一种常态，就会给孩子的学习带来很多不确定性，需要引起足够的重视。那么，孩子为什么会出现这样的"怪现象"呢？

一、决定成绩的，不仅仅是实力

1. 过于在意结果的心态会带来习惯性的焦虑

有本书叫《输赢心理学》，里面提到两个词，一个是"要赢"，一个是"不能输"。乍一听这两个词的意思差不多，但仔细想来，要赢是积极正面、努力向上的状态，不能输则是略带压力之下的无奈之举。

也因为如此，平时如果孩子心态放松，全力以赴地努力，对于结果的关注较少，更多关注过程中如何做得更好，考试结果反而不错。相反，当处于不能考砸的状态时，就像头顶有个闹钟时刻提醒孩子要考出好成绩，"这次考试很重要，千万不能输"，无形中的压力会让孩子神经紧绷、压力骤增，从而出现心理上的紧张、焦虑等不良情绪，影响水平的正常发挥。

过于在意结果的心态，自然就会带来习惯性的焦虑。而事物结果无外乎让自己满意或者不能如愿以偿。当日常生活中孩子在意的好坏、输赢越多时，引起焦虑和纠结的概率就越大。

2. 心理素质差

考试不仅仅是对知识水平的检验，也是对孩子心理素质的考验。笔者还记得自己当年高考的时候，邻桌一个女孩走进考场后就一直吐，监考老师手忙脚乱地帮忙整理书桌，原以为吐完就可以继续答题了，女孩却哭着说要放弃，不想考了。最后，她还是离开了考场。对于努力学习 12 年的她来说，确实有些遗憾。

考试时各种突发情况难免发生，像 2020 年因为新冠疫情，考试时间被延后；也有的孩子考试时正好遇到生理周期，身体不舒服；还有忘带证件的情况；等等。当面临这些突发情况时，除了知识之外，拥有良好的心理素质也是取得成功的关键。

3. 内在自信还未充足

我们常常把孩子发挥失误归结于孩子压力大、没认真等，但想想那些永远发挥正常的人，他们是怎么做到的？有人总结了运动员稳定发挥的几个因素，其中最主要的因素之一就是技术功底扎实，技术掌握得越牢固，比赛的成功率就越高。

考试也是一样，当孩子对所学知识掌握很牢固，能够在不同环境下应对不同题型，准确快速地找到切入点，心里底气自然很足，这是孩子学习能力的体现。相反，如果变换题目的题型和问法，孩子就不会答，就考砸了。说到底是孩子"只知其然，不知其所以然"。这不是发挥失常，而是能力还不够稳定。如果知道自己尚有很多未掌握之处，同时又渴望追求完美，就会引发考试焦虑。

那么，如何帮助孩子规避这种现象呢？

二、智商、情商双管齐下，稳定带来好结果

1. 正确看待考试

说到考试，有人第一反应可能会是成绩、答案、排名、奖励等，那么为什么要考试呢？我们总结了以下三点：

- 对过去一段时间所学知识内容掌握程度的检查和复习。
- 对孩子某个阶段学习状态的一种反馈。
- 帮助孩子及时发现学习过程中存在的不足。

这三个答案从客观上给出了考试的意义，能这样认知的父母是知识导向型父母，认为考试是对知识掌握程度的检验，成绩是查漏补缺的依据，通过考试及时找到自己在学习中的不足，加强知识点的梳理和技能训练，争取有针对性地安排下一阶段的学习。

那么当父母以知识为导向，不再认为"成绩为王"，就会引导

孩子正确认识考试，并对考试做出正确积极的反馈。

2. 提高心理素质

参加过考试的人都会有这样的经历，如果过分担心、紧张、焦虑，往往就会考不好。但是也有一些人不但不紧张，反而有些兴奋，即使遇到突发情况也依然能考好。这就是心理素质高低带来的差异。

那么，如何提高孩子的心理素质呢？

第一，找出焦虑背后的真正原因。

建议父母在考试前找个合适的时机，坐下来和孩子聊一聊，帮助孩子看清焦虑情绪之下的真实想法：

- 是知识掌握得还不牢固？
- 是担心考试结果不好而招致负面评价？
- 是考前复习太过疲惫，休息不好？
- 是形成了长期性的焦虑习惯？
- 是和班级内其他同学在暗暗较劲排名？

当把焦虑的原因找到后，就意味着看到了相应的调整办法。

第二，期望和目标合理化。

曾经有一个初一的孩子告诉笔者，自己期中考试是班里第 10 名，妈妈告诉他只要下一次努力考到第一名，就奖励他去国外参加夏令营。他很想去，但是他觉得自己做不到，所以没有动力去努力，最后孩子不仅没有实现目标，还因此更加不自信。

所以，家长在给孩子设定目标的时候，尽可能地遵循"跳一跳能够到"的原则，让目标变得更合理、可达成。这样孩子在完成目标后，就会带来正向、积极的反馈，如此循环往复，就能培养出自尊、自信的孩子。

第三，培养稳定健康的情绪。

除了正确地认知考试，一个人的情绪状态对于临场发挥也有着重要的影响。考试中患得患失，总担心自己拿不到好的名次，父母不满意等，这种负面的考试"衍生物"会影响人的情绪状态，进而影响考试过程和结果，所以要培养稳定、健康的情绪状态。

培养孩子情绪稳定，父母首先要情绪稳定。很多父母在生活或者工作中不满自己的现状，情绪无法得到有效的释放，将孩子当成了自己释放情绪的"垃圾桶"。在不久的将来会发现，孩子的情绪也开始变得易躁易怒，起伏不定；学习成绩也会不稳定，忽高忽低。

3．父母减少自己的考前焦虑

最后，希望父母先自查一下，是不是自己无形中的紧张和在意引发了孩子的焦虑情绪。要知道，焦虑是会传染的。如果每次考前父母都如临大敌，严阵以待，孩子自然会紧张和不安。甚至，父母一边用期待和渴望的眼睛看着孩子，一边嘴里不停说着"好好发挥，别紧张"，这会让家庭的气氛很怪异和压抑。

这里送父母一句话：既问耕耘，也看结果。过程和结果都要在意，但都不要过分在意。好的过程一定带来好的结果，二者是分不开的。过分强调哪一个都会引发孩子的焦虑。

孩子从小学到大学，要经历无数次的考试。考得好说明孩子这阶段知识掌握得比较牢固；相反，考不好就需要继续努力。这样的心态不但可以帮助孩子轻松应对每一次考试，同时也能够使考试发挥应有的价值。而在这个过程中，家长只要像园丁一样为孩子提供必需的环境和土壤，耐心地等待孩子成长就行了。

让孩子敢说"我能行"——如何正确鼓励孩子

Q 家长提问：我的孩子小时候非常乐观，做什么事情都主动积极。但自从上了一年级，遇到难一点的作业就说"妈妈，我不会"；参加绘画比赛就说"妈妈，我不敢"；老师布置手抄报，还没开始就说"妈妈，我不行"。我也经常学习育儿知识，对孩子是多鼓励少批评，但是为什么孩子还是不自信呢？鼓励为什么不奏效呢？

自信就像孩子的盔甲，能够帮助他在人生路上披荆斩棘。而鼓励之于孩子就像水之于植物，是孩子茁壮成长不可或缺的养料。现代社会，越来越多的父母已经意识到家庭教育的重要性，从小就对孩子多鼓励少批评，希望帮助孩子建立自信。但是随着孩子年龄的增长，开始出现各种不自信的表现，这让家长开始困惑甚至质疑，鼓励能不能帮助孩子建立自信呢？如果答案是肯定的，那么鼓励为何不奏效呢？

一、为什么孩子不自信

1. 无效的鼓励

我们发现很多家长都知道鼓励有助于孩子建立自信，但是真正会用的家长少之又少，我们常常会听到家长这样鼓励孩子：

孩子考试考了 90 分，妈妈鼓励孩子"你真棒"，孩子考试考了 95 分，妈妈依然鼓励孩子"你真棒"。

这时候孩子就会疑惑——"我到底棒不棒？"

孩子考试没考好，妈妈感受到孩子心情不好，鼓励孩子："没关系，妈妈相信你下次一定可以考好！"

孩子顿时觉得"压力山大"，妈妈的话看似鼓励，却无形中给孩子定了一个更高的目标。

孩子做作业遇到难题，妈妈鼓励孩子："妈妈知道你最聪明了，一定会做出来的！"

孩子心想：我明明做不出来，怎么还最聪明？焦虑感油然而生。

父母们的"鼓励"方式看似在鼓励孩子，但是没有起到鼓励的作用，反而给孩子带来了压力、迷茫、焦虑和自卑，这种依葫芦画瓢式的鼓励自然也就无法真正帮助孩子建立自信，达到鼓励的效果。

2. 成就感不够

有人说成就感是孩子健康成长的基石。孩子会因为妈妈的赞赏而主动承担家务，会因为爸爸一个欣赏的眼光而坚持做运动，也会因为老师的表扬而认真听课、写作业，这就是成就感带给孩子的好处。有人研究发现，大多数不自信的孩子都是生活和学习中的成就感不够所致。

那么孩子的成就感是怎么来的？

有这样一个故事，一个孩子报了两个兴趣班，一个是学钢琴，一个是学书法。结果钢琴学了几个月，孩子就要放弃；而书法学了两年，孩子却越来越感兴趣，无论刮风下雨一节课不落，参加比赛还拿了很多大奖。很多人不理解，明明孩子的妈妈是钢琴老师，怎么孩子学钢琴没有坚持下去，反而书法坚持了下来，还学得那么好？原来妈妈是钢琴老师，孩子无论怎么努力，在妈妈的高标准下总有不满意的地方。但是爸爸妈妈都不会书法，孩子只要有一点进步就会受到爸爸妈妈的鼓励和赞赏，学习书法带来的成就感给了孩子持续的动力，也激发了孩子学习的兴趣。

3. 外在评价的影响

大家都听过"三人成虎"的故事，由此可见外界的声音对于人的影响。下面是一个孩子不断受到外界评价后的心理活动过程：

孩子在学校因为不满同学给自己起外号，就和同学打了起来。同学的头顶起了个包，老师批评他："你总是这样，一点不让人省心。"父母知道后狠狠地批评他："下次再打架，就不管你了，爱怎样怎样！"

面对老师和父母的评价，孩子心想：我真的是个坏孩子吗？别人都不喜欢我吗？

回到家孩子把自己期中考试的试卷拿给父母，看到大大的 65 分，父母更加生气了，对孩子又是一通指责、批评，这时候孩子开始怀疑自己——"看来我的确不够好"。

这样的事件重复发生几次后，"不够好，别人不喜欢，很差劲，不值得被爱"这些负面的想法就会一直笼罩在孩子内心。如果得不到及时有效的疏导，就会被孩子内化为信念的一部分。

就像从小被拴在柱子上的小象，它长大后也会认为自己逃脱不了绳子的束缚，从而放弃挣扎，放弃反抗。孩子也是一样，他会认为自己就是爸爸妈妈口中那个什么都做不好的孩子，只要有不好的事情发生，"你是个坏孩子"这样的念头就会迸发出来。

所以，外在评价的影响主要表现在会慢慢内化为孩子对自己的内在评价，从而形成一种信念，信念指导下的结果又会强化这样的评价。

那么，如何帮助孩子找回自信呢？这里有几种方式供大家参考：

二、从思维和行动入手，逐步培养自信

1. 帮助孩子拆掉思维的"墙"

孩子不自信，总说自己不行。当外界评价转变为内在评价，孩子在面对困难和问题时，就会出现很多负面消极的应对方式，这些消极的想法就像"囚"字将孩子牢牢地困住（如图 3-1 所示），进而影响孩子看待问题的方式。这种状态下，孩子很难逃离思维的墙，久而久之，孩子就会选择放弃反抗，接受"现实"。相反，如果孩子用正向积极的思维方式来应对这些评价，那么"囚"字就会不攻自破（如图 3-2 所示）。

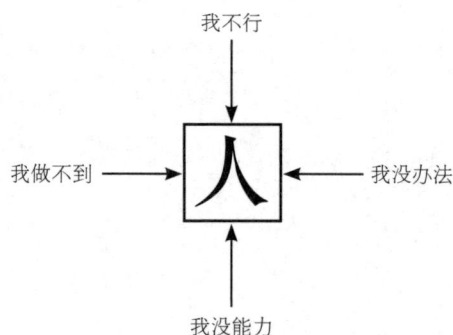

我不行
我做不到 ← 人 → 我没办法
我没能力

图 3-1　建立思维的"墙"

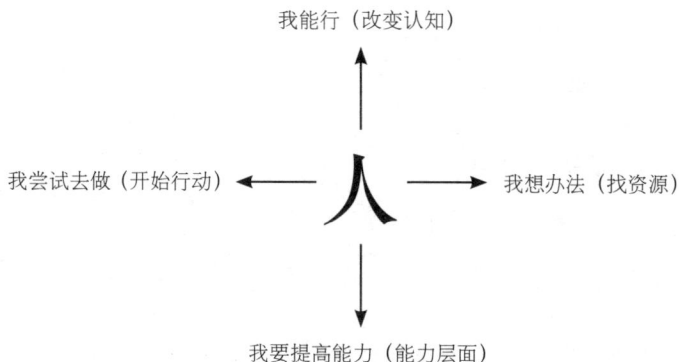

我能行（改变认知）

我尝试去做（开始行动） ← 人 → 我想办法（找资源）

我要提高能力（能力层面）

图 3-2 拆掉思维的"墙"

例如当孩子考试考了 65 分，正向积极思考的孩子会这样想：我要想办法，寻求父母、老师、同学的帮助等，我要提高自己的数学解题能力、语文阅读能力，我要想办法找复习资料、学习的途径，我要立刻开始行动，我相信自己一定行……当孩子这样想的时候，这四面墙也就不会再阻碍孩子的成长。在不断学习和进步的过程中，孩子会走出"我做不到"的误区，自信心也会逐渐建立起来。

2. 正向积极的思维需要正确的鼓励

通过上面的例子，我们了解到只有正确鼓励才能够帮助孩子取得正向的反馈和进步，儿童心理学家海姆·吉诺特认为正确的鼓励应该具有以下特征：要描述，不要评价；对待事件，不要赞扬品性；描述感受，不要评价孩子的性格；对成绩进行客观现实的描述，不要美化人。我们将其总结为四种常用的鼓励方式，也称为 ABCD 鼓励法则。

A. 看见＋事实亮点＋感受

例如，看见孩子主动准备午餐，妈妈要鼓励他：

"我看见你在准备午餐，而且还准备了妹妹喜欢吃的水果沙拉，妈妈很开心，感觉你真的长大了。"

B. 描述事实 + 感谢

例如，看见孩子把房间整理得干净整洁：

"妈妈看见你把房间整理得干净整洁，谢谢你遵守我们的约定。"

C. 你感觉怎么样 + 你是怎么做到的 + 你有什么计划

例如，孩子数学考试考了 90 分：

"这次你数学考了 90 分，你感觉怎么样？"

"我是不是很厉害？"

"你是怎么做到的呢？"

"因为我按时完成作业，认真听课，多做练习。"

"嗯，都是你努力的结果！"

D. 妈妈相信你 + 非语言动作

例如，孩子被任命为班长：

"妈妈相信你一定会是一个负责任的班长！"（握拳并抬起胳膊表示加油。）

3. 从小事做起，增加成功的体验

孩子自信心的培养需要从经历和体验中获得，是个循序渐进的过程。父母可以引导孩子从小事开始做起，从能做的事做起，不断积累成功的体验，这也是孩子自信心不断强化的过程。

对于生活中的"吃喝拉撒睡"，父母都可以鼓励孩子独立完成，

并在过程中帮助和引导。例如自己洗碗、整理书包、打扫房间、洗衣服等，看似是不起眼的小事，但对于孩子来说都是生活中一个小小的挑战。孩子从不会做到会做，能力提升了，独立性更强了，心态更积极了，同时在完成的过程中能够感受到自身存在的价值和意义，也会更有成就感，这些都有助于孩子自信心的建立。

让孩子敢于"长大"——孩子心理和行为偏幼稚怎么办

家长提问：我家儿子贝贝现在 11 岁，虽然个头不小，但感觉平时说话、行为还和幼儿一样幼稚，喜欢看漫画书和卡通，爱搂着毛绒玩具睡觉，前两天还和 5 岁多的表弟争抢东西。我们都盼着他长大，他却说自己不想长大。老师，这正常吗？

家长的心情，笔者很能理解。孩子小的时候，父母往往会盼着孩子早日成人，懂事独立。当发现其他的孩子开始有点像个"小大人"，而自家的孩子言行还如此天真烂漫，不如所预期的那样，就会产生各种各样的担心和焦虑。

这种心理与生理年龄显得不协调的现象其实挺普遍的。我们经常能看到这样的场景，已经人高马大的孩子在妈妈面前像宝宝一样撒娇。

同时，也有另外一些报道。比如七八岁的孩子就能担负起家务，照顾比自己年幼的弟弟妹妹们，帮助大人做农活等。这些同样超出常规的早熟儿童，也被一些父母们津津乐道，认为他们是特别懂事和自立的孩子。

那么什么样的童年状态是正常的？什么样的发展状态是不正常的

呢？其实很难下一个定论，还是要根据孩子本人和家庭的具体状况进行分析，下面是一些共性的规律和建议。

一、现在的孩子们普遍身体发育偏早，而心理发育偏晚

首先，家长要看到这是个普遍的社会现象，不是某个孩子的个体情况。

随着物质的极大丰富、社会环境的变迁，饮食和家庭养育方式已经发生了较大变化，整体来说，孩子们身体发育期在提前，心理发育及成熟相对滞后。

从生物进化角度来讲，当环境比较恶劣、挑战增多时，个体往往会尽快地让自己成熟起来，迅速度过童年期达到自立和独立的状态，以躲避危险，应对复杂的生存环境。当生活环境比较优渥，幼体受到的照顾比较多时，那么童年期就会延长。

孩子们现在的生存空间相对来讲比较安全，物质条件很充足，不需要为生活付出过多的思考和努力。在应对复杂环境、处理问题时，心理成熟度显得相对滞后。同时在饮食上，当前的大工业生产方式，会有较多的添加剂和催熟剂进入肉蛋奶及快餐饮食，容易造成孩子的身体发育早熟情况。

二、区分孩子成长优先级

父母理想的标准往往无一定的依据，只是以周围的家庭、网上的资料做参照，比如孩子几岁会说话算是正常的，孩子什么时候应该会走路，别人家的孩子都在阅读什么书等，或者凭借一些直观的感受来判断。

其实孩子之间的个体差异性是比较大的，判断孩子是否早熟及发育滞后，在医学上是有严格标准的。

我们的观点是，在一些重要的关键问题上，孩子不宜成熟太晚，比如下面这些：

1. 安全意识

自我保护能力的培养和安全习惯的建立要尽早，不能晚。

2. 优秀的品格

正常、良好的心理状态，开心、愉悦的个性特征，是非、对错的分辨能力，以及多角度看待问题的能力，宜早不宜晚。

不要认为"孩子小，什么都不懂，长大就好了"。什么是对的，什么是错的？什么该做，什么不该做？所谓"童蒙养正"，就是遵守规则和界限，养成诚实守信、勇敢担当、宽容友善等这些优秀的品格，具备正确的价值观，都需要父母和教育者从孩子小时候就打好根基。

3. 身体机能发展

笔者曾经见到一个孩子，已经 11 岁了，身高体重还像八九岁的孩子，身板瘦瘦弱弱的，像个"豆芽儿"，还戴着一副高度近视眼镜。妈妈说他从小身体就不太好，比同龄孩子要弱，挑食比较严重，还经常生病，身高和体重与同龄人相比差一截。

孩子如果正常发育存在障碍的话，那在学校中就很容易自卑，或者被其他同学欺负。

4. 两性关系界限

父母要有意识地教育孩子懂得男女之间的差别，遵守两性关系的界限。

有些男孩子已经七八岁了，还被妈妈带到游泳馆的女更衣室。有些十一二岁的女孩子，完全没有性别意识，坐地铁出行时穿短裙、叉着双腿。这不仅会对孩子的性教育造成一定的障碍，也会让孩子轻信成人，忽视来自外界的不良性信号，甚至遭受不良之徒的骚扰或性侵。

所以，要尽早对孩子进行科学的性教育，提高他们的自我保护意识。

5. 社会活动交往

对于孩子的社会交往活动，父母要从幼儿时期开始关注。

孩子在伙伴中是否受欢迎？有一定数量并稳定的好朋友吗？是否具备处理社交问题的能力？这些都要尽早关注，以提升孩子的人际关系意识及社会接纳度。

三、尊重孩子的发展节奏

除上面那些重要的事项之外，孩子的自主学习管理能力、学习能力、语言表达能力、思维和认知的发展等，建议要尊重他自己的节奏，家长适当辅助。

把孩子当宠物和拔苗助长都是不合适的。有的父母在孩子很大时，还用像对待婴儿的语言方式去对话，比如当众叫孩子的乳名，称呼"宝宝"，帮孩子系鞋带、擦手或擦鼻涕，代替他做力所能及的事情。有的妈妈更像是一个高级保姆的角色，这样孩子可能会长成"妈宝男"。

试想，将来一个生理成熟的人却用一种幼稚的心理与人交往，别人该怎样面对他呢？孩子自己又是否真正开心、自信呢？

还有另一些家长会以锻炼心智的名义，逼迫孩子去挑战难以完成的事情。

笔者曾经看到一个案例：饭店里，一位3岁多孩子的母亲鼓励孩子自己去点餐，再自己端着饭穿越熙攘的人群回到餐桌。餐台的人员担心烫到孩子，礼貌地拒绝说："宝宝，粥有点烫，叫你妈妈过来端。"孩子马上乖巧地跑回去叫妈妈。可是她来窗口之后没有接过粥，而是当着所有人的面，蹲下身子盯着怯怯的孩子大声说："你告诉叔叔——我已经长大了！我很能干的，我可以端好的。"这样锻炼孩子无异于揠苗助长，不仅鲁莽，无视潜在风险性，并且展现出刻意的特立独行，实在不可取。

童年是人一生成长中的重要阶段，让孩子像孩子一样长大，既天真又懂事就是最好的状态。他们无须承担和背负不属于他们的东西，也不需要父母提供削弱自己能力的帮助。他们应单纯、天然又生机勃勃，就像春天的小树，自在地伸展着枝丫，不断向上生长。

如果父母和教师不仅能看到孩子专注于功课，不断通过努力去迎接挑战，突破自己能力的边界，也能听到孩子们开心爽朗的欢声笑语，看到孩子们奔跑和追逐打闹的身影，那么他们才是安然走在自己的节奏中。这时，父母和孩子自然都会轻松愉悦。

让孩子敢于坚持——参加兴趣班总是半途而废是什么原因

Q **家长提问：**孩子从幼儿园开始就一直报各种兴趣班，如绘画、书法、钢琴、篮球、国际象棋，刚开始都说自己很喜欢，但上了几次课之后，就总说不想上了。后来因为上了小学，课业负担比较重，就只上绘画和国际象棋，结果前两天回来又说不想学了，觉得没意思。什么都坚持不下来感觉对孩子也不好，我该怎么做才能让孩子继续坚持学下去？

父母们为了让孩子开阔眼界、寻找梦想，恨不得让孩子把所有的兴趣班都体验学习一下，结果却发现孩子刚开始都很喜欢，也愿意学，但是学着学着就开始找各种理由不愿意去上课，想要放弃或者学习其他课程。

这样的情况在很多孩子身上都有发生，看着一起学习的孩子不断提升进步，自己的孩子却无法坚持，家长常常心急如焚，除了浪费的金钱和时间，更担心孩子经常这样会不会养成半途而废的习惯，做什么事情都无法坚持。

一、哪些因素会让孩子中途放弃

1. 是家长的兴趣还是孩子的兴趣

笔者曾经做过一个关于为什么给孩子报兴趣班的调查，当问家长为什么要给孩子报这个兴趣班时，家长的回答是这样的：

"我看人家娃学街舞挺酷，就也给孩子报了。"

"学习书法对写字有帮助，所以我就给孩子报了。"

"女孩学习舞蹈将来身材好啊，而且也是特长！"

"他太调皮了，坐不住，所以我就给他报了围棋，希望提高专注力。"

听完家长们的回答，笔者的直接感受是孩子们上兴趣班就像为了完成某项任务，或者实现某些目标，这些任务和目标可能是父母期待的，也可能是学校要求的，却唯独跟孩子自己没有太大的关系。孩子们上兴趣班最开始可能是出于好奇，然后被父母安排，到最后接受流程化机器化的教学，仅有的一点好奇和兴趣就这样被消耗殆尽。

2. 专注力不够

孩子学习离不开专注力。专注力好的孩子学习效率、效果会大大提升；专注力不足的孩子容易做事三分钟热度，想要深入学习和探索也变得异常困难。就像我们经常说的凿井一样，专注的孩子可能就选择一口井，然后坚持深挖，直到有水流出来；而专注力不够的孩子，当他坚持一段时间还是看不到希望的时候，就会重新选个地方开始凿。我们知道这样的结果就是他可能永远无法凿出一口能出水的井。

3．父母焦虑

为了缓解自己的焦虑，父母会给孩子报很多兴趣班，就像有个妈妈说的，"我全给他报了，让他都学一遍，技多不压身"。还有的妈妈说，"都尝试下总会知道自己喜欢什么"。面对被安排得满满的兴趣班，一方面孩子玩耍的时间越来越少，另一方面任务就像压在头顶的石头一样，让孩子喘不过气来，最终孩子会选择放弃。

小学阶段的孩子开始有了独立意识，希望可以按照自己的想法去上喜欢的兴趣班，但是如果父母不懂得尊重孩子，一味地替孩子做主，高标准、严要求、强执行，那么兴趣班对孩子来说也就失去了最初的吸引力。

面对这些可能影响孩子的阻碍，父母该如何做才能帮助孩子坚持下去呢？

二、如何让孩子自发坚持

1．尊重孩子的天赋和个性

著名心理学家霍华德·加德纳博士开创了多元智能理论，迄今被广泛应用于儿童智能测试。根据该理论，我们会发现每个孩子都是独一无二的，都有属于自己的天赋和强项。

有的孩子擅长语言表达，有的孩子擅长逻辑推理，有的孩子擅长空间想象，有的孩子擅长沟通和交流，等等。在一个有音乐的环境中，我们会发现有人会跟随音乐扭动身体，并且能合拍，而有的人只会站在那里静静地倾听。擅长处理人际关系的孩子很容易参与到群体活动中，能够理解和感知别人的情绪，并做出恰当的反馈。这些都离不开孩子本身的天赋。

多元智能理论启示我们，父母要做的就是找到孩子擅长的方面，将其重点培养。例如，那些语言智能好的孩子，会对主持或者讲故事感兴趣；喜欢节奏和音乐的孩子，舞蹈是他们的强项；逻辑数学智能高的孩子更擅长棋类活动。常常一个班级里面，几十名学生的兴趣爱好都不尽相同。

因此，父母在为孩子选择兴趣班的时候，一定要结合孩子自身的实际情况，尊重孩子的天赋，扬长避短。只有这样孩子才会学得开心，父母也会感到一身轻松。最适合孩子的才是最好的。

2. 帮助孩子建立成就感

帮助孩子建立成就感有助于增强孩子的学习动力。近几年随着在线教育的发展，大多数孩子都会选择线上学习，我们会发现孩子在线上学习的主动性和积极性都很高。探寻其中的奥秘，不难发现线上教学方式灵活多样，娱乐性、互动性很强，甚至还设置了游戏环节。每次学习，孩子都能获得很多游戏奖励，还可以不断积累。因此在学习的过程中，孩子随时都能感受到自己的进步和满满的成就感，自然也就有了兴趣和动力坚持下去。

帮助孩子建立成就感就是让孩子不断获得积极的反馈。很多兴趣班的老师会采取积分的形式，也是其中的一种方式。孩子在完成任务时获得奖励和肯定，然后激发动力和兴趣，接着完成新的任务，再获得奖励和肯定，就更有动力和兴趣了，这就是不断帮助孩子建立成就感的过程。家长在日常生活中也可以通过这样的方式帮助孩子建立成就感。

3. 找到偶像，打开视野

美国有一部纪录片《起点》，讲述的是孩子们学习芭蕾舞过程中经历的种种伤痛和沮丧，但还是有很多孩子坚持下来并取得成功的故事。其中有一位男孩，他说每天自己起床身体都很疲劳，想要放弃，但他依然选择坚持，因为他想去英国最负盛名的芭蕾舞演出团体之一——英国皇家芭蕾舞团，追随自己的偶像卡洛斯·阿科斯塔。

最终，他实现了梦想，人生也因此改变。这就是榜样的力量、梦想的力量。

帮孩子找到自己偶像的同时，父母们可以多带孩子打开视野。例如：父母可以带喜欢钢琴的孩子参加音乐会，一方面孩子可以在现场欣赏较高水平的演奏，另一方面可以让孩子对未来充满美好的憧憬。父母也可以和孩子一起了解行业里优秀人物的成长过程，让他知道一名优秀的钢琴家是如何成长起来的，建立未来愿景，看到梦想实现后未来的自己。

第四章

遇见高情商的孩子

让孩子善意表达——怎样处理孩子的"无心之语"

> **Q 家长提问**：我从小就教育孩子要诚实，不能撒谎，孩子一直都做得不错。最近一两年让我纠结的是：他有时太"真实"了！
>
> 上次带他去同事家吃饭，孩子很真诚地向同事说：阿姨，你做饭好难吃呀！我很尴尬地笑了笑，不知道该说什么，同事和餐桌上的人也很尴尬。请问，怎样处理孩子的一些"无心之语"？孩子需要学一些"善意的谎言"吗？

这是个很有意思的话题，可以想到当时的场景和孩子的困惑：难道我不应该说出真实的感受吗？"善意的谎言"难道就不是谎言了吗？

其实诚实和善意并不对立，是可以兼备的。这位家长培养孩子诚实的品格非常值得称赞，是对孩子的内在要求。同时，学会委婉的表达，在真诚的同时展示出友善和肯定，让对方感到舒服，是对孩子人际关系能力的外在要求。

在儿童的认知发展过程中，如何巧妙地处理人际关系，在诚实和善意中去做平衡，不违背自己的本心，又避免伤害到对方，真的是一项具有较高水准的能力，需要父母智慧地引领和言传身教。

景洋老师记得儿子 Eric 5 岁多的时候有这样一个有趣的案例：

晚饭后 Eric 在花园中玩耍，他看到一个两三岁的小男孩倒着玩滑梯（头部朝下），就马上跑过去制止，嘴里还大声说："小弟弟，你不可以这样做，这样很危险的！不小心掉下来，会摔死你！"当时小男孩儿的爸爸也在旁边。景洋老师听到他这样说话很尴尬，就赶紧道歉："啊，真对不起，孩子这样讲话会让人有点不舒服。"那位爸爸却很大度地说："没关系的，他也是好意。"

Eric 当时很疑惑地问："妈妈，难道我说错了吗？"

小男孩儿也一骨碌爬起来，呆萌地看着他，认真地问："哥哥，哥哥，真的会摔死吗？"还用小胖手拍了一下脑袋瓜。两位成人看到这个场景，不由得哈哈大笑起来。

大人听上去下意识觉得是一句狠话，而孩子的内心深处实际上是非常单纯干净的。那份关心是真切的，小弟弟的那份认真和信任也是真切的，这是最难得和可贵的。而语言的技巧，等他们长大些，一定会慢慢掌握。

后来爸爸蹲下身，告诉小弟弟："小哥哥是关心你，如果掉下来，会受伤的，磕到头就真的要去医院了！"

景洋老师抱抱 Eric 说："你是不希望弟弟摔到，对吗？"

他说："是的，我怕他这样。磕到很疼，可能会撞到头。"

"嗯，妈妈知道你是个善良、友爱的好孩子。但是呢，如果讲到'死'字，是不是就变成了很严重的后果？人们平常听到这个词可能都觉得有点怕怕的，心里没那么舒服。如果其他小朋友这样说你，妈妈也会吓一跳的，是不是？我们可不可以把它换成'小弟弟，这样容易掉下来，会很疼'？"

他点点头，说："对，我刚才太急了，没有看到他爸爸，其实爸爸是可以保护他的。"

在这个案例中，其实我们就能看到：诚实的同时，如何运用同理心去教导孩子，向别人恰如其分地表达，同时又能让对方感受到自己的善意。

孩子小的时候，大人们会原谅他们的"无心之语"。但是当逐渐长大之后，如果只坚守坦诚这一个原则，事事口无遮拦，而忘记了同理心，就很麻烦了。

生活中，一开口就把天聊死、一句话就把人呛住的人真的不少见。

如果表达时一说话就让别人难受，不能照顾到对方的感受和情绪，那么一定会对孩子未来的人脉关系产生负面的影响，给他的成长之路带来障碍，甚至会对他人造成一些心理上的打击和伤害。

那怎么帮助孩子在表现诚实的同时，让对方感受到善意呢？可以尝试下面四个方法：

一、好好说话，做榜样父母

父母说话做事得体、宽容，对方也会给予良好的回馈和互动。在这一来一往的过程中，孩子就会在旁边潜移默化地进行模仿和学习。因此，父母可以有意识地多带孩子外出，去参加一些自己与好朋友之间的聚会，和别人通电话时也可以让孩子在身边听一听。

当孩子看到父母是怎样处理人际关系，和别人良好沟通后，慢慢也就体会到在保持自己原则和态度的情况下，什么样的话会让别人开心，什么样的表达方式是别人不喜欢的。

二、先肯定再建议，多用"同时"，少用"但是"

想表达不满或提意见时，先真诚表示感谢和夸赞，找出两条优点，然后再提出一条建议。这样的话，别人一般会很乐意接受。

可以教会孩子使用这样一个句式："我很感谢……，同时，如果……就更好了！"

三、正面语言重述事实，不要教孩子刻意撒谎

得体地表达，可以用正面的语言去描述事实，而不是给出"形容词类"的评判，更不是让孩子违心地撒谎。

首先前提是父母在家中，就要经常使用正向的语言，而不是经常去挑剔别人的问题。

可以教孩子这样去重述事实："今天我看到家里特别干净。我感到阿姨和叔叔都对我们很好，欢迎我们来玩。我看到阿姨还做了很多菜，桌上的菜和我们家平常的做法不太一样。"那接下来，对方会很好奇："那你们家里经常做什么菜呢？你喜欢吃什么？下次来阿姨做给你吃，或者让妈妈教阿姨做，好不好？"

这样既让孩子坚守了诚实坦然的原则，同时又恰当地表达了自己的期待和想法。记住，如果让孩子违心、故意去迎合别人，就变成了世故，而不是善意。

四、体味对方感受，换位思考

其实这就是同理心的培养，同理心培养的最佳时期是在幼儿期和

小学阶段的低龄期。

中国有句古话叫作"己所不欲，勿施于人"。我们讲的话、做的事情对别人都会产生一定的影响，引起自己和他人情绪上的波动。

不妨试着让孩子换位到对方的角度去感受一下，听到这样的语言心里会怎么想？会产生哪些情绪？舒服还是不舒服？记住一定不是用责备的态度，而是提醒孩子去尝试、去体验。当孩子能够顺利换位到对方立场上，去体会对方的感受时，立刻就会判断出来自己的说法合适不合适。

记住同理心的培养要尽早，不宜晚。

现在来做个总结：

善意的谎言也是谎言，虽然出发点不是利己，是利他，但总有一天真相会来临。就像亲人去世后，妈妈骗孩子说爸爸出差了，虽然可以暂时舒缓孩子的情绪，但是最好在合适的时机告诉他真相。

孩子年龄小的时候不需要刻意学习"善意的谎言"，而要教他保持诚实的品格，同时让他学会善意地表达。

诚实绝对不是信口开河，想怎么说就怎么说，想怎么做就怎么做，而是时刻考虑到对方的感受，考虑到给自己和他人带来的影响。善意地表达也绝不是习惯性委屈自己，放弃独立意识，完全取悦他人。

等孩子长大之后，只要内心永远保持真、善、美，加上对人生和社会的复杂性有更多深刻的理解和体验，自然会知道哪些话该不该说，哪些事该不该做。

让孩子变得坚强——抗挫折能力强的孩子不容易产生心理问题

Q 家长提问：我们家小易从小懂事听话，待人也很有礼貌，亲戚邻里都说我有个好儿子。但是一个月前他因为竞选班长落选，开始变得郁郁寡欢，问他也不愿意说，直到前段时间说不想上学了，我们才意识到问题的严重性。去医院找心理医生，结果他被诊断为轻度抑郁症。请问老师我该怎么办？

近年来，青少年心理问题的发生率逐年增加，在日常的工作中我们也经常会遇到各种各样的问题孩子。有的玩手机上瘾影响学习，有的因为人际问题不愿意去学校，有的因为学习跟不上想要放弃学业，有的和家长拳脚相向，有的孩子被家长一批评就离家出走，等等。有媒体曾报道，在一次"休学少年疗愈训练营"里，来了20多个因中、重度抑郁症等心理问题休学在家的青少年，这些孩子在生病前大都成绩优异、表现良好，为什么这些"别人家优秀的孩子"也会出现较大问题呢？

一、心理健康不应被忽视

1. 抗挫折能力差

抗挫折的能力是孩子重要的"软实力"，对于孩子未来的成才与发展有重要的影响作用。《孟子》中这样写道："天将降大任于斯人也，必先苦其心志，劳其筋骨，饿其体肤，空乏其身，行拂乱其所为，所以动心忍性，曾益其所不能。"这也道出了挫折对于一个人成功的重要影响。

很多家庭中，孩子遇到困难或者稍有不顺的事情，家长就会出面帮助解决，小到日常生活，大到学业方向。长此以往，孩子就失去了应对挫折的勇气，同时也失去了抗挫折能力的训练。未来当孩子遇到挫折时，即使是很小的挫折，孩子因为不懂得如何应对，加上心理承受能力缺乏训练，自然也就容易被挫折打败。

2. 优越感和失落感之间的偏差

这些原本各方面看起来非常优秀的孩子，经常受到大家的赞扬和肯定，内在是有很强烈的优越感的。同时也在无意识下，压抑了真实的自我，把自己置于"一定要保持和维护自己在大家心目中的形象"的位置上。但事实上，人不可能一直不犯错误，不可能一直做第一名和随时保持"阳光开朗"。有一种抑郁症叫"微笑抑郁"。看上去一切很好、生活井井有条、待人温和有礼的孩子，可能内在的苦闷和焦虑却无从表达。

特别在用成绩和表现来评定一切的竞争环境中，外在的评价往往代替了内在世界的丰足，如果从荣誉的巅峰跌落，又没有及时得到疏导，那么巨大的失落感就会让原有的压抑全部爆发出来。

3. 父母"高要求，低陪伴"

父母是孩子应对世界的最后一道屏障，无论是孩子还是成年人，在外面受了委屈或者遭遇痛苦和不顺时，回到父母身边，就会重新感受到温暖和力量。这也是为什么我们建议家长在孩子小的时候多陪伴，为孩子建立起这道"安全屏障"。然而现实的情况却是父母对于学习、作业、名次、成绩的关心与期待，远远超过对孩子本身的陪伴。

下面是三年级的妮妮和妈妈之间的一段对话：

"回家吃完饭赶紧做作业。"

"我想在这里玩会儿。"

"不行，先回来做作业。"

"就玩一小会儿，妈妈，桂花都开了，好香！"

"你看隔壁的小林都回家做作业了，你还不走？"

孩子默不作声地跟在妈妈身后。

"赶紧做吧，不然又要写到 11 点！"

孩子开始坐在书桌前。

"赶紧做啊，发啥呆啊？"

孩子写得很慢……

"赶紧啊，都几点了！"

终于做完了……

"明天周末去奶奶家吃饭，下午早点回来啊！把辅导班的作业做完。"

这段对话中，我们发现妈妈每一句话的潜在意思都是在对孩子提要求，没有考虑孩子的真实需求是什么，甚至忽视孩子的情感。"作业"这个词在这段对话中一共出现了4次，孩子会是什么感受呢？会觉得人生有乐趣吗？

只有父母无条件的陪伴和关注，才能为亲子关系储备足够的养料，也是父母对孩子提出要求的资本。如果养料匮乏，孩子的心灵之花自然就会枯萎。

4.高期待下的低自我价值感

孩子的自我价值感有四大来源：自我评价、父母评价、老师评价、同学评价（如图 4–1 所示）。

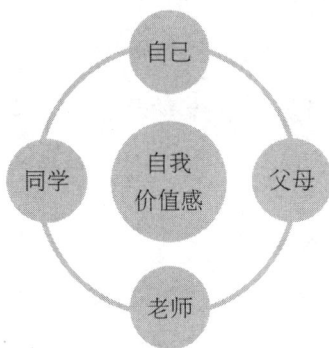

图 4–1　孩子的自我价值感的来源

通过这样的认知反馈，孩子会把父母、老师、同学的评价内化为对自己的评价。如果父母、老师、同学都对孩子给予了较高的期望，并且这种期望随着孩子的努力不断"水涨船高"，比如考到班级第五，下次希望年级第五，那么孩子对自我的价值感就会局限在"所有人的评价和期望"里。一旦现实不如自己所愿，就认为自己真是太没用了，辜负了所有人的期望。

二、如何避免孩子心理出现"大崩溃"

1. 父母要清晰教育的目的到底是什么

请父母和老师们想象一下：20 年后自己的孩子或学生是什么样？我希望他们变成什么样？

做了几百场活动之后，我们发现每次大家的答案都几乎一致——身体健康、勇于承担、坚强勇敢、尊敬长辈、懂得感恩、勤奋好学等都是高频词。

德国的著名教育学家斯普朗格曾说："教育的最终目的不是传授已有的东西，而是要把人的创造力诱导出来，将生命感、价值感唤醒。"

如果父母意识到了这一点，就不会将目光只停留在孩子的成绩上，而忽视了孩子的其他内在需要。

2. 拥有社会支持系统

最新研究表明，社会支持系统对于小学生身心健康发展有着重要的意义，在孩子需要的时候能够提供理解和关怀，同时有助于孩子负面情绪的宣泄，从而预防心理危机的发生。

所以在平时的生活和学习中，一方面父母要重视和孩子建立信任、有爱的亲子关系，让孩子愿意及时寻求父母的支持和帮助，摆脱负面情绪的困扰，避免心理失衡。同时，父母要多和老师、亲朋好友、孩子的好朋友及他们的父母等一些"重要他人"多进行沟通，帮孩子组建起一个完善的支持网络。发生突发事件后，及时告诉老师和能够帮助到孩子的人，利于建立顺畅的沟通渠道，在必要的时候为孩子提供支持。

3. 培养孩子解决问题的能力

孩子抗挫折能力差由很多因素造成，重要原因之一是不善于解决自己遇到的问题。当孩子面临挫折或者困难时，很容易陷入压力情绪状态中，从而出现自我否定和怀疑，所以培养孩子解决问题的能力对于提高孩子的韧性有着重要的意义。

我们以提问的例子为例，看看如何运用七步法则来解决问题。

（1）接纳情绪：未选上班长，自己很难过。我可以难过。

（2）接受现实：事情已经发生，暂时无法改变。这是正常的，不是所有人都能当班长，自己之前已经当过班长。

（3）分析想法：当班长是否等于成功和优秀？未选上班长是否等于失败和差劲？为什么？

（4）复盘原因：过程中有哪些影响因素导致这个结果？哪些是做得好的？哪些因素是我可以继续努力的？哪些是我必须接受的？

（5）寻求帮助：把自己的情绪、想法和复盘结果与重要的人沟通探讨。

（6）确定结果：综合大家的智慧，确定结论和下一步的方向。

（7）行动计划：我准备怎么做？制定可量化的行动方案，并开始执行。

通过这样的方式，孩子进行了自我问题解决能力的训练，在不断解决的过程中，反思能力和自信心也会相应增强。下一次再出现让人感到崩溃的人和事时，孩子就能做出更加理智和更好的选择。

有人说乖孩子的崩溃都是静悄悄的，外界的认可和关注是他们生活与学习的动力，他们活在别人的期待和羡慕里，行为受外界评价的影响很大，不允许自己做得不好，也受不了太大的"委屈"。

《不要用爱控制我》一书中写道："如果我们总接受别人对自己的定义，通过别人来认识自我，只会对自我的认识更加模糊。"所以，父母要培养孩子正确进行自我评价和自我认知，让孩子努力成为真正的自己，心态自由舒展。

让孩子冷静处事——孩子顶撞老师该如何处理

> **Q 家长提问**：前几天，我被儿子的班主任请到学校，说孩子在课堂上公然顶撞任课老师。那位老师现在不准他再听课，除非写检讨和保证书，而且在办公室当着其他班老师的面批评我没有管教好孩子。作为爸爸，我心里很窝火。回家后，情绪激动之下骂了儿子，还揍了他一顿。
>
> 谁知这小子拒不认错，还不愿意写检讨，说以后也不再上那个老师的课了，长大要"报仇"！
>
> 现在班主任和任课老师都非常不满，局面还僵在那里，孩子也已经把老师当成"敌人"了！老师，请问怎么处理比较好呢？

这位家长把孩子顶撞老师产生的后果讲得很明白，事情的原委和过程却没有提到。由此可以看出，这位爸爸急于处理问题，平息事件，而并未关心引发事件的真正原因是什么。并且从他的描述中，也能明显看到，无论是孩子还是他本人，在情绪和行为上都是比较急躁、冲动的。

一、"顶撞"背后的原因

1. 孩子自身的原因

孩子要负的责任：自己不懂事，情绪管理能力差，平时对长辈不够尊重，缺乏感恩心，脾气急躁或执拗等。

笔者曾经不止一次遇到看上去年龄不大的孩子，讲话很难听，出口就伤人，或者讲话动辄带出脏字，没大没小，举止粗鲁无礼，让人很不喜欢，甚至心生厌恶。这样的孩子不仅会在学校顶撞老师，在家中也会顶撞父母和长辈，在外面还容易与他人产生冲突或者纠纷。

还有的孩子缺乏积极向上的价值观的培养，对自己的语言和行为完全没有意识，对可能产生的后果认识不清，对他人的情绪和感受缺乏感知力……

以上这些问题，虽说是孩子的原因，其实说到底，还是家长的责任。

2. 家长的原因

曾经遇到过这样一个场景：放学后，一个妈妈骑车带着孩子，两人边走边争吵。孩子说一句，妈妈回过头反驳一句。最后，孩子大喊一声，从车座上跳下来，气呼呼地站在路中间。过往司机吓了一跳，赶紧刹车避让。

在那一刻，其实我们看到的不是妈妈和女儿，而是两个"小孩子"在吵架。

当孩子争辩时，家长本能地火气上头，跟孩子针尖对麦芒地吵起来。这样只会让孩子更加不服气，顶嘴更厉害。爱顶嘴的习惯就是这样养成的。

请大家看一下图4-2：大脑处理问题时，情绪和理性是对立并存的关系。当一个人的情绪很高亢时，理性的部分就被压缩了。因此才会有这样的话："恋爱中的人智商会下降""冲动是魔鬼""气头上就控制不住了"。一个原本心智正常的人，在情绪的控制之下就会出现不可思议的言行。

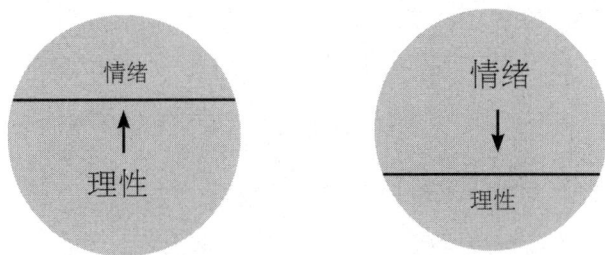

图4-2　情绪与理性的对立并存

情绪极度不稳定的人，是没有办法听进去道理的。这里也要做个小提醒：父母一定要告诉孩子，一旦在外面遇到这样情绪失控的人，尤其是成人，不要上去与他论理，而是一定要躲避开。

同样，当理性部分开始上升时，情绪也会逐渐平复。孩子情绪激动胡闹时，家长一定要先冷静下来，暂停争吵，耐心地引导孩子进行表达和思考，即加强理性的部分来消退情绪。

这样的技巧也可以用在陪伴心情低落的朋友身上。与其一味去安慰、鼓励他心情好起来，倒不如先理解、接纳他的感受，再适时地和他一起分析造成这种状况的原因，以及做下一步的打算和计划。这个时候就是不动声色地转向理性的思考了，他就会慢慢从低沉的情绪中走出来。

3. 老师的原因

当然也存在另外一种可能性，在该案例中，有可能是任课老师处理不当，在言语中没有尊重孩子，或者在一些事情的处理态度上误解和委屈了孩子等。

有些老师面对冲突和矛盾的处理方式同样意气用事，缺乏沟通技能。有时是无心之错，而有时是有意为之。

这种顶撞行为在处于青春期比较敏感的中学生身上更加突出，甚至有些孩子对哪位老师不服气的时候，会领头和老师对着干，并以此为荣。这既有孩子的原因，不少时候也是老师的言语不当造成的。相对来讲，小学年龄段的孩子大多数自我意识还未过于突出，如果老师不是太过分，还是比较愿意服从老师的管理的。因此，如有顶撞的现象存在，要考虑到是否也存在教师方面的原因。

有一位妈妈来求助，正在为儿子是否换班而纠结。起因就在于，老师在教师节的第二天当着全班同学的面数落孩子："你这么不尊重老师，是不是在家你妈妈没有教好你？听说你妈妈生意做得挺大的，连人情世故都不懂！"孩子当场就非常愤怒，站起来顶撞了老师，说："你不准说我妈，你说这样的话，就不配站在讲台上做老师。"妈妈私下询问了其他家长后才知道，由于刚转学过来，不知道"潜规则"，她是唯一一个没有给老师送礼物的家长。

其实在这个案例中，确实是老师的责任，妈妈应该坚定地和孩子站在一起。孩子说的并没有错，这是原则性的问题。如果家长为了化解冲突而委曲求全，助长这样的风气，实际只会让这样的老师变本加厉。

二、冲撞之后该如何"善后"

1. 大事化小，变成教育机会

首先要注意的是尽量不把这个事情扩大化，想办法转变成教育孩子的好机会。发生了这样的冲突，孩子一定承担了很大的心理压力，内心是不愉快的，其实也希望这事儿能够尽快平息。

父母要做的是：

- 不批评，不评判，不忽视。

- 尽可能多了解情况及背后原因。

- 换位思考，角色扮演。既要理解孩子，也要引导他换位到老师的立场。

- 必要的沟通，不使用讲道理的方式。

2. 如果是孩子的错，就帮助他理解老师并道歉

经过上面的引导之后，有些孩子可能就会意识到自己的错误，知道双方产生了误解，内心会产生内疚和后悔。这个时候父母要在行动上继续推动，让孩子真诚地向老师道歉。并且父母和教师提前沟通好，尽量接受孩子的歉意，重新修复师生关系。

举一个例子，孩子在家中看到父母吵架了，经历了这个冲突的情景，感到很难过。过两天，孩子又看到父母和好了，虽然很高兴，但会觉得莫名其妙，没看到父母私下是怎么和好的。

学会"和好"是解决人际冲突最重要的一个能力，所以父母要教会孩子主动修复师生关系。

3. 如果是老师的原因，父母要慎重考虑后再妥善应对

第一，不能参与冲突。

首先父母应保持理性和冷静，不可以参与到冲突中去，轻率地站到老师一边去勉强孩子，或者强势地闹到学校，这都是不可取的。要知道，所有的行为都会产生后果，父母千万不能逞一时之快，凭借本能去应对问题。

第二，引导孩子用妥善的方式处理，预判行为之后的可能结果。

父母应积极引导孩子，一起探讨想办法，商议下列问题：

- 什么样的方式最妥当？

- 什么样的沟通过程会取得双赢的结果？

- 每种选择将面临什么结果，能接受吗？

- 如果不能，该如何做调整？

- 以后出现类似的情况，准备怎样预防和处理？

如果事情并不太严重，也可以鼓励孩子自己去解决这个问题，比如给老师写封信或私下找老师沟通，坦诚交流，表达自己的感受等。

第三，与老师沟通，保护孩子，不卑不亢，理解双方。

如果孩子年龄比较小，或性格上还不足以独立和冷静地表达，那也可以由家长出面与老师沟通。特别要阻止老师"给孩子小鞋穿"，比如在班内讽刺、挖苦孩子。

沟通过程中，既要理解老师，也要理解孩子，不卑不亢，坦率并真诚。相信绝大多数的老师都是愿意接受正确的建议或意见，愿意真诚沟通的好老师。

师生关系对孩子的学业成绩和心理状态会产生重大的影响。因此，智慧的家长们千万不要一遇到事情就急于给孩子扣上不尊敬师长的大帽子，或者听之任之，纵容这种现象的发生。家长一定要足够重视，理性地处理这个问题，让孩子学会尊重和感恩他人，同时也在孩子需要帮助和支持时坚定地站在他身后。

让孩子远离抱怨——如何教孩子正确表达需求

Q 家长提问：最近发现孩子看待事情特别消极，例如带她外出郊游，本来是开心的事，可她一路上都在抱怨："累死了，天好热！""这地方有什么好玩的！"有时奶奶做饭不顺她的心意，她会说："又是这些菜，不想吃了！"做作业遇到难题也会抱怨："老师留这么多作业，好讨厌啊！"孩子老是抱怨到底是怎么回事？

这位家长的提问不由让人想到了"半瓶水"的故事，有人看到半瓶水会激动地说："哇，还有半瓶水！"而有人看到半瓶水会说："糟糕，只剩下半瓶水了。"同样是半瓶水，每个人的反应却不一样。生活中这样的情形并不少见，有的孩子常常就是这也不满意那也不满意，遇到问题第一反应是指责他人，挑剔别人的错误。

对于同样的事情，有人开心，有人却牢骚满腹，有人会感恩，有人会抱怨，不同的心态形成了思维方式的不同，不同的思维会引发不同的行为模式，而不同的行为模式会导致不同的人生结果。

一、孩子爱抱怨和指责，到底是什么原因

1. 需求得不到满足

抱怨是一种复杂的情绪表现。很多时候孩子抱怨的背后包含了复杂的情感需求，可能孩子本身并不是想抱怨什么，只是借由抱怨来表达自己的需求。比如：

- 当孩子抱怨"作业太多了，做不完"，他可能只是想要表达希望可以有更多玩耍的时间。
- 当孩子抱怨"这个老师不好"，他可能只是希望老师能够喜欢自己，多称赞自己。
- 当孩子抱怨"妈妈总是骗人"，他可能只是希望父母不要那么忙，给自己更多的陪伴与关注。

很多父母疑惑为什么孩子不直接说出自己的需求，而要通过抱怨或者指责的方式来表达，那是因为孩子正常的表达需求不能被满足，所以孩子借用别人的例子，通过抱怨的方式来达到自己的目的。

这个过程孩子也很痛苦，抱怨常常不能满足他们的真实需求，还会带给他们新的困惑和伤害。抱怨作业太多的孩子常常会被父母贴上"懒"或者"差生"的标签，有时还会被做各种比较；抱怨老师不好的孩子因为自己的消极对待，和老师的关系可能会越来越差；抱怨父母没有陪伴的孩子，等来的可能是更多的孤独。

除此之外，爱抱怨的孩子内心其实是缺乏自信的，他们不知道该如何处理发生在自己身上的事情，只能通过抱怨的方式来释放自己的负面情绪，长此以往就会变得越来越不自信，同时爱抱怨的孩子人际关系也容易受挫。

2. 父母言行的负面影响

父母是孩子的一面镜子，孩子会学习父母的一言一行。父母挑剔抱怨，也会让孩子变得爱挑剔和抱怨。

小时候如果妈妈经常说：

"哎呀，真不想上班，烦死了！"

"这家店的面包真难吃，就不能做好一点吗？下次不来这里吃了！"

"衣服穿一会儿就成这样了，你能不能讲点卫生？"

"字都写成这样还好意思要奖励？！"

"看你爸爸，懒死了，什么都不做，一事无成！"

长大后孩子就会说：

"这么简单你都弄不好，真笨！"

"你都做成这样了，还能吃吗？倒了算了！"

"你还不洗衣服，我都没的穿了！"

"你们总是玩这种无聊的游戏，别来烦我！"

"我不想去你说的那个地方，太远了！"

你终于活成了自己曾经讨厌的样子——这样的魔咒仿佛不断在亲子之间上演，曾经的你痛恨现在的你，现在的孩子痛恨现在的自己。孩子就是一面真实的镜子，父母可以在其中照见自己。

这一切都离不开学习和模仿。人类大脑中存在着复杂的镜像神经元系统，能够通过直接的模仿去理解他人的想法。华盛顿大学的安德鲁·梅尔索夫教授通过研究发现：刚刚出生仅几分钟的婴儿，看到大人伸出舌头时，就能做出同样的动作。

这就是为什么当父母喜欢挑剔、抱怨的时候，孩子也会慢慢变得爱抱怨。

3.自尊水平比较低

自尊水平低的孩子看待问题大都比较消极，遇到问题，总是会先想到不好的一面。在不敢正面表达和维护，并通过行动改变处境时，孩子会选择通过语言的宣泄和不停的抱怨来表达自己的不满。

如果孩子总是被指责、批评、抱怨、否定，他就会将自己层层包裹起来，对外界产生防御心理，不愿意将自己真实的感受和想法与人分享，挑剔和抱怨就成了他发泄自己情绪的出口。

4.父母和周围人的溺爱，造成孩子唯我独尊，斤斤计较

如果在不当家庭教育方式的引导下，孩子从小到大都是以自我为中心，成为家人百般呵护的"掌上明珠"，周围人都尽力满足"小皇帝""小公主"提出的一切要求，那反而会造成孩子不感恩、不珍惜自己所拥有的一切，且百般挑剔，稍不顺心就抱怨、指责他人。

在著名的儿童电影《查理的巧克力工厂》中，那个养尊处优、看起来聪明伶俐却蛮横无理的维鲁卡，就是被家人宠坏的典型案例。最后，她和父亲都跌进了垃圾处理场。故事的寓意是：只会自私无理地向他人提要求、抱怨、指责的人，会像垃圾一样被大家所丢弃。

二、当孩子经常抱怨，父母该做些什么

1.先包容和理解孩子

很多孩子喜欢抱怨和指责，常常只是希望自己的需求能够被看到、

被满足，只是他们不懂得如何去沟通和表达，或者他们自己还没有弄明白是怎么回事。

所以面对发生在孩子身上的事情时，要听到孩子抱怨背后的语言和需求，先接纳倾听，然后和孩子一起寻求解决问题的办法，抱怨就会转为理解和感恩。

2. 教孩子学会表达不满而非不满地表达

抱怨其实对于改变目前状况并没有任何帮助和益处。

如果孩子因游泳感到又累又热，她可以说"我有点累，可以稍微休息一下吗？天气有点热，我们找个地方乘会儿凉"，而不必抱怨说"累死了，天好热"。奶奶做的饭不合心意，她可以表达："我吃辣椒容易上火，奶奶可以做点不辣的吗？"而不是一味抱怨放辣椒太多。做作业遇到难题，可以找妈妈一起想办法，提高自己解决难题的能力……

所以，表达不满首先要控制好自己的情绪。当孩子遇到不顺心的事情时，有情绪是正常的，但是不能因为有情绪，就对自己或他人做出语言或行为的攻击。

父母可以教会孩子采用这样客观的表达句式：

我感到生气（感受词汇），是因为 _____，我希望 _____。

我感到沮丧（感受词汇），我觉得这件事 _____，这是不公平的。

其次表达不满要懂得按下暂停键，适当转移注意力。

我们都知道转移注意力对于低年龄段的孩子特别好用，那对于小学阶段的孩子，也一样可以通过转移注意力，暂时将不满情绪"大事化小，小事化了"。因为玩游戏的时候意见不合，所以很不开心，那么可以选择玩其他的游戏或者暂停一会儿；因为考试没考好，被父母批评，心情很沮丧，这时候找朋友一起踢球或者一起看场电影都是不错的活动。当孩子去玩其他游戏或者看电影时，就会从刚才发生的事情中抽离出来。有人说转移注意力就是为封闭的心胸打开一扇窗，让烦恼可以透过窗户找到新的出口，而不再继续伤害原本的自己。

人是情感动物，有时心情会在一瞬间发生变化，但无论如何都不应该做出伤害自己、伤害他人的行为。学会用合适的方式来表达自己的不满情绪，懂得宽容和友善，这样的孩子会更受欢迎。

3. 每天感恩三件事

有这样一个案例：一个身有残缺的美国人，家中来了小偷，损失了不少财物。一位朋友写信来安慰他，他却回信说："谢谢你的来信，但其实我现在心中很平静，因为：第一，窃贼只偷去我的东西，并没有伤害我的生命；第二，窃贼只偷走部分财物，而非所有财产；第三，还好，今天是别人做贼来抢我，而不是我做贼去行窃。"

就是这样的价值观，让这位残障人士不管遇到任何事情，都能用积极的态度来面对，进而在日后缔造出了不凡的成就。他，就是后来的美国总统罗斯福。

一个人生活里充满了宽容与满足，他的生活中也就充满了各种美好与小确幸。即使是不幸，他也能够从中找到乐趣，就像罗斯福总统一样，抱怨和指责离他很遥远。相反，一个不懂感恩的人，也就感受不到生活的多姿多彩。

让孩子接纳 "二宝" ——如何让 "大宝" 和 "二宝" 和睦相处

> **家长提问**：自从老二出生后，老大时常表现出不开心，喜欢缠着我，晚上也坚持要跟我睡，从学校回来也不怎么说话。有一次晚上睡觉时，他突然哭着说："你们是不是不爱我了？你们只爱弟弟，我恨弟弟！"我很吃惊，我该如何引导孩子？

孩子说出这样的话，父母一定很惊讶，也会担心孩子是不是有心理问题。事实上，这样的情况在很多二胎家庭都会有，因为老二的出生，老大会出现一些异常行为或情绪表现，归根结底是由于父母缺乏对大宝的疏导，以及大宝对二胎这件事并未真正理解和接受。

一、二宝出生后，大宝常见的几种表现

1. 争风吃醋

心理学上有个词叫"同胞竞争"。在大宝心中，父母的爱就像一个蛋糕，原本这个蛋糕都是属于自己的，但是老二出生后，由于要照顾小宝宝，蛋糕就会被迫分掉一半甚至更多，对于大宝来说自然不愿意。大宝常会说：

"妈妈，你陪我写作业！"

"妈妈，我也要你喂我吃！"

"妈妈，我一个人不敢睡，你陪我！"

老二出生后，老大常常会觉得父母对自己的关爱减少或者丧失了，从而缺乏安全感。为了得到父母的关爱，孩子就会通过各种各样的方式来"争风吃醋"。比如争抢玩具，偷偷扔掉弟弟妹妹的东西，严重者可能还会趁着爸爸妈妈不在身边，做出伤害二宝的行为。他认为爸爸妈妈之所以不爱自己了，完全是因为那个"不速之客"的出生。

2. 行为退缩

二宝出生前，老大作为家里的独生子女被父母照顾得事无巨细，有的孩子甚至在骄纵和溺爱的环境中生长。二宝出生后，父母的精力和时间被分走一大半，这种前后的反差会让孩子变得担心、退缩、不愿与人交往，也不愿意去陌生的环境中，有的孩子甚至出现语言上的倒退。

这种暂时性的倒退行为并不少见，是孩子面临家庭结构变化时的一种自我保护方式。有的孩子会认为：二宝这种可爱的小模样能轻易获得父母的赞美和关爱，会受到妈妈的格外照顾。而且父母经常告诉孩子"弟弟还小，做不了""妹妹小，你应该让着她""弟弟不懂事，你也不懂事吗"，无论是语言还是行为，都会让孩子觉得变"小"是获得优越权和关注的条件。因此，有的孩子会下意识地模仿婴儿讲话、撒娇、哭闹、用奶瓶喝水，突然变得不懂事，做出婴儿的行为等。

3. 个性发生改变

很多孩子在听到父母要准备生二胎或者有了二胎之后，往往都比较抗拒，原本活泼开朗的性格开始变得少言寡语，有的孩子甚至出现抑郁的倾向，有的则会出现下列行为表现：

（1）哭闹或者发脾气，越是年龄小的孩子越明显。当妈妈哄弟弟妹妹睡觉的时候，孩子就会抱着妈妈哭闹，也要让妈妈抱。

（2）叛逆。如果孩子持续得不到父母的关注，孩子就会变得叛逆、反抗。例如在学校总是和同学打架，不好好学习，不做作业，自己的东西坚决不给弟弟妹妹玩，总喜欢抢他们的并据为己有。

（3）自暴自弃。有些性格内向的孩子因为二宝的到来，常常被父母和家人冷落，父母以为孩子只是变乖了，事实上孩子内心已经放弃了自己，因为他们认定父母只爱弟弟妹妹而不爱自己，因此情绪低落、闷闷不乐，甚至觉得没有活着的意义。

以上行为归根结底都是孩子不能理解父母为什么要二胎，以及二胎对自己和家庭的意义。那么面对孩子的这些反常行为，智慧的父母要及时做些什么呢？

二、找对方法，大宝与二宝也能和谐相处

1. 事先沟通，做好心理预期

好朋友琳琳准备要二胎，问儿子想不想要个妹妹，儿子说不要。再问他为什么不要，孩子给出了让人哭笑不得的理由："虽然再要一个孩子挺好的，但是他会占用你的上班时间、吃饭时间、睡觉时间，可能还会跟我抢东西，想想都觉得太乱了，还是不要了吧！"

曾经有人针对二胎问题对小学生做了一个实践调研，发现大部分小学生不愿意要弟弟妹妹。有人因为想继续享受爸爸妈妈独一无二的

爱，有人担心要二胎会花费更多的时间和金钱，还有人担心妈妈的身体，但是也有人想要，因为可以有人陪自己玩或者做伴。

所以，父母要提前就二胎的问题和孩子进行沟通，基于家庭结构的改变（原来是三口之家，现在是四口之家）、孩子的角色改变（原来是爸爸妈妈的宝贝，现在又多了一个角色——哥哥或者姐姐）、环境改变（家里多了很多弟弟妹妹的东西）等，二胎这件事除了对爸爸妈妈来说是很重要的决定，对于老大来说也是生命中一次重要事件。

后来朋友在笔者的建议下买了很多关于二胎的绘本，像《我的妹妹是跟屁虫》《我要当哥哥了》《小凯的家不一样了》《彼得的椅子》等系列绘本。这些经典的绘本都是通过故事的形式，帮助孩子说出有了二宝以后内心的恐惧和担忧，引导孩子理解弟弟妹妹带来的正向、积极的影响，从而对二宝产生期待并接纳。

2. 关注大宝的情绪，安排专属陪伴时光

《陪伴式成长》一书中提到家长和孩子之间的关系，就好比一所情感银行。如果父母给孩子优质的陪伴、关怀和关注，就相当于往这个银行里"存款"。当家长对孩子提出建议、意见和要求时，就相当于"取款"。如果之前没有存足款，家长自然也就无法顺利地取款，更不要说用"透支"的方式让孩子听从自己的管教了。

有了二宝之后，父母要及时关注大宝的情绪变化，照顾二宝的同时，也安排出给大宝的专属陪伴时光。可能很多人要问：什么是专属陪伴时光？

第一，它是一种安静祥和的状态。

笔者特别喜欢做瑜伽，每次瑜伽结束的时候老师都会说，此刻你的心灵是祥和的，你的内心是宁静的，或许这就是我们在陪伴孩子时需要的状态。

相反，如果父母正处在消极情绪边缘或者负面的情绪状态中，就无法保持平静祥和的状态，在这样的状态下陪伴孩子，也很难获得理想的效果。

第二，要让每一分钟都有意义。

很多二宝妈妈形容自己每天的生活就像打仗一样，紧张、累、没有时间休息，职场妈妈更是惜时如金。一个在企业负责管理工作的朋友每天下班回到家已经八九点，能够照顾陪伴二宝已经很不容易，对于大宝几乎没有时间关注。但是她和大宝的关系一直很好，孩子无论遇到什么事都会告诉妈妈，两个人之间的沟通和相处就像朋友。

很多人好奇朋友是怎么做到的，原来朋友每周都会做一件事，那就是陪大宝一起去游泳馆游泳一个小时。朋友说陪大宝去游泳已经成了自己的习惯，每次带孩子去游泳的路上，就会和孩子聊聊这一周发生的事，问问孩子有没有什么想对自己说的心里话，有没有什么需要自己协助或者帮助的事。她说这是属于他们母子特有的时光，她只用来陪大宝，陪孩子聊天，陪孩子练习游泳，一起共进晚餐。和孩子在一起的每一分钟她都格外珍惜，也正因为如此，大宝没有出现憎恶弟弟的糟糕情况，反而特别喜欢弟弟，一放学就跑去抱弟弟或者像妈妈陪伴他一样陪弟弟玩。

第三，要有流畅的互动过程。

我们可以想象一下孩子和父母在一起的样子，如果双方感受到了幸福和温馨，那么这个过程就是享受而不是敷衍。

很多父母陪孩子玩的时候都是带有功利性的，例如陪孩子写作业，陪孩子打球，总之就是要对陪伴设定目标——为了强身，为了促进学习……很少有父母说"我就只是陪孩子玩，他想玩什么就玩什么"。

3．和大宝一起回忆幼儿时光

闲暇时父母可以和大宝一起翻看他小时候的照片，讲小时候的趣事，回忆那时候爸爸妈妈照顾陪伴他的美好时光，让大宝懂得：之前爸爸妈妈也曾经是这样全心全意对我的，我也是那么可爱和好玩，现在的弟弟妹妹就是那时候的我。当孩子确信爸爸妈妈的爱不会因为任何变化而缺少和改变时，他的心就会安定下来。

父母也可以尝试和大宝一起做"蜡烛游戏"，这是正面管教的经典游戏之一。

（1）取出长短不一的四根蜡烛，四根蜡烛代表了家里四个人。

（2）点燃一根长蜡烛，代表妈妈。

（3）用妈妈的蜡烛点燃另一根长蜡烛，并告诉孩子："这根蜡烛代表爸爸。妈妈和爸爸结婚，把所有爱都给了爸爸，但是我自己也依然拥有全部的爱。"

（4）用妈妈的蜡烛点燃一根小一点的蜡烛，然后告诉孩子："这根蜡烛就是大宝。在你刚出生时，妈妈把全部的爱都给了你，但爸爸仍然拥有我全部的爱，我也仍然拥有自己全部的爱。"

（5）用妈妈的蜡烛点燃最小的一根蜡烛，并告诉孩子："这根蜡烛代表小宝。当他出生的时候，妈妈也把全部的爱都给了他，但你依然拥有妈妈全部的爱，爸爸也拥有妈妈全部的爱，我也拥有自己全部的爱。"

这个游戏能够让大宝理解爸爸妈妈对自己的爱和对弟弟的爱是一样的，并让他明白二宝的到来代表这个世界上又多了一个人爱自己，而不是多了一个人分走爸爸妈妈的爱。

4. 让大宝帮妈妈一起照顾二宝

古语有言"长兄如父，长姐如母"，小学的孩子有能力成为妈妈的小帮手或者小助理。只是对于照顾小婴儿这件事，孩子们缺乏相应的技能，所以在最开始的阶段，父母需要耐心地教给孩子技能和方法。

父母要多鼓励孩子，通过不断学习和训练，让大宝成为自己照顾弟弟妹妹的小帮手，既可以增加手足之间的情感连接，同时也能减轻妈妈的压力和负担。

有句老话说：谁带大的长大就和谁亲。笔者曾经教过一个叫灿灿的男孩子。他从弟弟出生开始就帮忙照顾弟弟，陪弟弟玩耍。妈妈带哥俩外出旅行时，非常省心。旁边的乘客很惊奇，看到灿灿虽然只比弟弟大三四岁，但两人其乐融融。他不仅照顾得很周到，还教 4 岁的弟弟背古诗、讲笑话。周围的人都对妈妈直竖大拇指：你把两个儿子带得真好！

目前的社会现状，不再是多子女的家庭，绝大部分家庭只有一个或两个孩子。二胎带来的家庭结构改变、生活环境和氛围的改变对大宝来说是一次重大事件。虽然孩子小的时候家长会辛苦一些，但长大后孩子就会多一份手足亲情，不会太孤独。只要父母通过智慧的方式理解孩子，也帮助大宝接纳二宝，让大宝理解二宝带给家庭的意义和幸福，这个问题并不难解决。

让孩子正确面对霸凌——孩子挨打了要不要"以牙还牙"

⊙ 家长提问：老师，如果孩子在学校受欺负，怎么办？昨天孩子回家身上带着一点伤，询问之后才知道，他说被两个同班同学打了。他大哭一场，我和妈妈很心疼，也很生气，准备带孩子去找对方的家长理论一下。

下次遇到类似这种情况，我们是该让他直接去告诉老师，还是让孩子奋起反抗呢？让他直接还手，觉得这样教孩子不太合适，不还手又挺心疼自己的孩子。请问应该怎么办？

想必不少家长都有这样的困惑，孩子在外面打打闹闹是常有的事情，有时真恼了身上就会"挂彩"。是该让孩子立刻"以牙还牙"，还是教育他"退一步海阔天空"呢？

一、一个有趣的案例

笔者去看望一个朋友。这个朋友有两个孩子，在同一所学校上学，哥哥五年级，妹妹三年级，兄妹感情很不错。

吃完晚饭之后大家在喝茶聊天的时候，妹妹突然笑嘻嘻地说："妈妈，你知道吗？哥哥今天在学校打架了！"哥哥急切地说："才没有呢，你不准瞎说！"这位朋友马上很严厉地瞪了哥哥一眼说："是谁先动手的？"哥哥小声嘟囔着："他先打我的。"

我以为接下来妈妈会问："他为什么打你？把事情经过说一下。"没想到妈妈问的是："那肯定是你不对喽！他为什么不打别人就只打你呢？还是你有问题！天天不让我省心！"

哥哥气呼呼地回了一句："好吧，又赖我！算了，不跟你说了！"然后转身就要走。

我赶紧叫住了他，说："哎，妈妈说的不一定对哦！我可不这样认为，打架不一定是坏事情。阿姨很好奇，特别想知道两个问题：你打赢了还是吃亏了？你们是怎么打起来的呢？"

这个男孩子听到我的问题之后很惊讶，似乎在想：咦？怎么这个阿姨说的话跟妈妈完全不一样呢？

然后他没作声，看了看妈妈，妈妈说："问你就说嘛！"这个时候，妹妹抢着说："打我哥哥那个男生可坏啦，他经常骂人，还打过别人。哥哥班上不少人都被他打过，他上一次在楼梯上碰到我和哥哥，还冲我挥了下拳头。"

我听到这里看了一下妈妈，她明显露出尴尬的神情。

我又接着问哥哥："你是怎么处理的呢？老师知道吗？"哥哥这时候已经没有了要走的意思，他说："我就跟他讲，你不能这样干，打人不对。老师有时候知道，有时候不知道，老师也不太能管得住他。"

"你以前还手过吗？还是就这一次还手？"

"以前基本上没有还过手，我就跟他说，你再这样我马上告老师去，他就跑了。要不然，我看到他就会先主动躲开。"

"那么，这一次你为什么还手了呢？"

"因为他骂了我爸爸，我让他闭嘴，他还骂。我想走，他挡着我不让我上楼，我就推了他一下，他就重重打了我一拳。"

这时，妹妹又迫不及待地插嘴说："我也不知道今天哥哥怎么了，他使劲儿踢了那个人两脚。"

我饶有兴趣地问："然后呢？"

哥哥和妹妹相视一笑，说："真没想到，然后他蹲地上就哭了，还说要去告诉老师我打他！"

"你踢的哪里？"

"腿，阿姨，我知道你担心什么，我明白裆是不能踢的。"

"看来欺负人的人也没有那么强大啊！"

"就是就是！我哥哥可勇敢了！"听到这里，我笑着对朋友说："你看妹妹根本就不是想告状，她告诉你哥哥打架这件事，实际上是觉得哥哥做得很棒，希望妈妈表扬一下他。"妈妈也笑了，说："尽量还是不要打架！"

然后我对这对兄妹说："是的，妈妈说得很对！你们尽量不要打架，要对别人友善。对于那些一贯不友善的人，不要一开始就还手。可以先口头警告他几次，但如果没有效果，老师也没有进行干涉和帮助的时候，他再主动动手，你是可以直接还手的。但是不要把他搞伤，也不要把自己搞伤。你们还是小孩子，如果在外面遇到陌生的人，就要尽力避免冲突和矛盾，对于那些蛮横无理的人，躲远点为好。"

后来我又问了哥哥一些其他的情况，比如这个男生为什么喜欢骂人和打人，然后就知道，因为他爸爸对他很凶，由于经常被请家长，爸爸会当着全班同学的面骂他。最后，哥哥说了一句："他在班里没什么朋友，爸爸这样对他，其实我觉得他也挺可怜的。"

这个案例讲完，基本上就知道该怎么去解决孩子之间的争端了。正常的人际关系自古以来都是"投之以桃，报之以李"。你对我好，我对你好。父母特别要告诉孩子下面这一点：

有些人认为你对我好，我才会对你好，如果你不先对我好，我凭什么要对你好？！其实这是被动的想法和做法。

一个人缘好、心存善意的人，一定是先主动对别人好，尊重他人，并且这样的善意是出自本心，并非有什么功利性的企图。如果别人用同样的善意来回报，那就要对别人更好，这样关系才会越来越亲近，甚至成为一辈子值得交往的朋友。那有人会说：我对他表示善意了，但是对方对我不好怎么办呢？如果这样几次之后，便能够判定不是由于自己的原因造成的，就可以选择远离这个人，并要勇于争取、维护自己该得的尊重和权益。

二、一些中肯的建议

1. 了解孩子的真实情况

第一，孩子是偶尔被打还是经常被打？如果是经常发生，父母一定要尽早介入。

第二，不带评判的情绪去了解事件发生的前后经过，站在客观的立场上去聆听和做出分析。有时不一定是打人的孩子犯了错。

第三，洞察孩子的情绪感受和真实想法。有时孩子只是诉诉委屈罢了，并不一定真心希望父母掺和到自己和其他同学之间的关系中来。而有的孩子不敢跟父母表达，默默忍受不公平对待，那就需要家长给予更多的耐心、细心和温暖的鼓励。

第四，多提开放性的问题，让孩子尝试自己理清思路，找到原因和下一次的应对策略。

2.多交朋友，少树敌

多交朋友，少树敌，这不仅是孩子要遵循的原则，也是家长要遵循的原则。我们经常看到在班级家长群内，有些家长言语之中比较以自我为中心，不是在炫耀自己和巴结老师，就是出言粗鲁，对他人有攻击性，引起其他家长的不快。这都是在为自己树敌，让孩子连带着也不受欢迎。

此外，家长的出发点一定是解决问题，帮助到双方的孩子，不仅是被打的孩子，还有打人的孩子。帮助的方式有很多，对于打人的孩子，根据他的不同情况，可以进行理解共情、沟通教育、严厉制止，这其实都是在帮助其改进和成长。

也曾经听到有的家长因为孩子在学校被欺负，就马上跑到学校去，放学后把对方孩子揍一顿。或者双方家长都卷入争端，成为死对头。这都是很不理智的行为。

3.建议孩子在7岁之后学习自由搏击，强身健体

这是增强自我保护能力很便捷的途径，父母不要担心练搏击的孩

子会主动攻击别人。只要选择水平高、德行正的教练，以培养武德为先，自己身上有一点功夫后，反而不容易和别人发生冲突，因为孩子会自知拳脚比较重，处事会有分寸，宽容而不怯懦。

如果找到一个好教练，在正规的俱乐部训练，大概一年到两年，孩子遇到危机时，轻松对抗未训练过的同龄人是没有问题的。在底气和胆气上，都会和普通的孩子不一样。对于性格怯懦、身体孱弱的孩子来讲，就更受益了。

有媒体曾经报道过有个小偷去偷一个女乘客的钱包，反而被一个年轻女孩轻松制服，那位女孩就是自由搏击的爱好者。

4. 培养孩子宽容大度的胸怀

若对方并非存心欺侮、多次冒犯，只是一时冲动或误解，还是要尽量劝导孩子宽容大度。

有时，发生一些小冲突又和好之后，反而两个人的友谊和关系会走得更近，正所谓"不打不相识"。

笔者在童年时也有这样类似的经历。曾因为一些小摩擦和同学在班上动了手，被老师发现并严厉制止之后，其实双方都是非常后悔的。彼此诚恳地道歉后，在接下来的一段日子里，为了弥补内心的歉疚，会主动和对方修复关系，两个人反倒更亲近了一些。

5. 先求助，无效后再还击，自我保护和还击应有底线

前面案例中的哥哥是非常聪明的孩子，当被问到踢了哪里的时候，他马上就说不是裆部。即使别人先动手，自我保护和还击别人也是有底线的，不可以故意去伤害他人。这需要家长事先对孩子有意识地提醒。

总之，平时要提前教导和训练孩子的为人处事和自我保护能力，当孩子处在弱势，自己无法扭转处境时，父母一定要坚定地站在孩子身后，立即改变这种状况，让孩子真正发自内心感受到"我在外面受了欺负不用怕，爸爸妈妈会保护我的。我自己也要变得强大和宽容，既不欺负人，也不能被他人欺负"。

让孩子正确处理争执——孩子之间闹矛盾，父母要不要插手

Q 家长提问：我的孩子有个关系很好的朋友，性格比较强势，而我的孩子性格比较温和，两个人一直相处得不错。昨天两个人一起去练习跆拳道，结果训练时孩子被对方绊了一跤。孩子觉得他是故意的，想要报复，但是没有成功。他一见到我就说以后再也不跟他做朋友了。以前两个人也闹过矛盾，不过很快就好了，这次孩子好像很生气，过了两天还一直不能释怀，坚持说再也不跟他做朋友了，我要不要从中劝解？

孩子之间玩耍打闹、闹点小别扭是常有的事，不要太当回事，也不要不当回事。笔者不止一次接到家长类似的求助，孩子之间打架或使性子吵架，觉得自己孩子受欺负了。自己劝说孩子无果，想找对方家长理论又觉得不合适，但是又不想看到孩子吃亏，所以很矛盾。

漫画《父与子》中有一节内容：孩子和朋友一起玩耍，不一会儿两个人因为抢玩具争执不下，并且动手打了对方。在旁边的两个父亲看到这一幕开始争执谁对谁错，最后两个人也扭打在一起。正当他们

纠缠得越来越激烈的时候，旁边的人指了指孩子对两人说："你们看！"他们再回头时，孩子们又开心地玩起来了。

在成人眼里自己的孩子吃点小亏，或遭遇不公平的对待时，总是希望能够代替孩子化解别扭和矛盾。但是我们常常会建议家长先不要帮出头，尽量让孩子自己解决问题。

孩子和同学、朋友之间的互动有助于促进孩子社会性的发展。在这个过程中，孩子会体验到对方不同的行为带给自己的感受和情绪，同时区分什么样的行为是自己喜欢的，哪些是不喜欢的、厌恶的。

在这个体验中，孩子不仅能学会与人交往的方法和技能，如何和不同的人相处，应对别人的行为或者不同的人带给自己的挑战和困难，也能通过实践，学会如何处理和同学、朋友的矛盾和别扭。

同时，他也会知道哪些人适合做朋友，哪些人适合一起玩，哪些人是自己喜欢的，哪些人是自己不喜欢的，从而建立自己人际交往的准则和方法。

所以，遇到孩子们出现冲突和别扭的情况，只要不过激，不建议家长过分"出手相助"。那么当孩子和同学闹别扭后，父母可以做些什么呢？

一、教会孩子应对冲突的办法

孩子之间闹别扭常常事出有因，父母首先要教会孩子正确认识冲突。一般孩子们之间的冲突分为两种：健康冲突和非健康冲突。

健康冲突是指孩子们之间因为看法意见不同或者言行不当造成的冲突，对孩子的成长是有益的；非健康冲突是指对方表现出盛气凌人或者故意做出伤害他人的行为，典型代表就是"欺凌"他人，特别是几个人结成小团体欺凌他人。不健康冲突如果不能及时化解，会对孩子的身心造成一定程度的伤害。具体办法在前文已经提过，及时制止、培养孩子自我保护能力、练习搏击都是可以的。

那么当孩子面对健康冲突时，父母可以怎么做呢？

1. 了解事实真相

当冲突发生后，父母首先要做的不是让自己的情绪陷入孩子的冲突当中无法自拔，而是和孩子一起还原事实真相，客观全面地了解冲突的始末。

有一次，丁丁和几个好朋友在小区里玩。过了一会，他非常生气地追着一个朋友做出要打人的手势，妈妈乍一看感觉像是丁丁在追打小朋友，但是当问到发生了什么事，为什么要做这样危险的动作，孩子告诉妈妈，他们在玩警察抓小偷，其他两个小朋友老让他一个人当小偷，他不愿意，但是其他两个小朋友还是坚持让丁丁当小偷，并且随手用瓶子打了一下他的头。他当然不高兴了，所以就追着要打回去。

经过了解我们会发现，这件事最开始不是丁丁的错，是另一个小朋友做出不恰当的行为导致的，但是如果单看当时两个小朋友之间的表现，会很容易认定是丁丁的错。了解事实真相，不包庇，但也要给孩子解释的机会。

2. 教孩子辨别是非曲直

当孩子们无法自行调解，矛盾即将升级时，父母需要做有益的引导。但绝不要做法官去判断和要求：你们要怎样怎样，你们应该和好……

还是上面的例子，丁丁陈述完后，小菲老师问打他的那个孩子："是这样的吗？"对方回答："是的。"为了让孩子们理解彼此的感受，小菲老师马上在现场和孩子们做了一个"角色扮演"的游戏，让刚才做警察的孩子做小偷。

刚一说出口，小朋友就立马反驳："我才不要当小偷！"

"为什么呢？"

"小偷是坏人，我不要当小偷！"

"是啊，你不愿意当小偷，因为你觉得小偷是坏人，你不喜欢，那为什么刚才让丁丁一直当小偷？"

听到小菲老师这样说，小朋友似乎也明白了，说："那我们轮流当小偷，你先当，然后我再当。"孩子立刻想出了解决办法。

"嗯，这是个好办法。"小菲老师及时鼓励他们。

然后小菲老师又对丁丁说："你不想做小偷，但是他们坚持让你做，还不小心打了你的头，你很生气，所以也要打他（陈述事实，不评判），那么除了打他，你还可以怎么做？"丁丁马上若有所思。

二、学会表达，必要时懂得寻求帮助

大多数孩子不懂得表达自己的感受和立场，父母要教给孩子如何清晰、理性地表达自己的想法、感受和立场，可以尝试用下面的句式进行表达：

我感到＿＿＿＿（感受词汇）是因为＿＿＿＿（原因说明）。

我＿＿＿＿（表达想法），请你＿＿＿＿（建议）。

如果＿＿＿＿（对方行为），我＿＿＿＿（决定）。

在生活中套用此句式，可以说：

"我感到很生气，因为你弄坏了我的文具盒。"

"说脏话是不对的，请你别这样说。"

"我不想玩这个游戏，如果你们坚持让我做'坏人'，我放弃参与游戏。"

孩子学会了勇于表达自己的感受、想法和立场，有助于让别人了解自己的情绪、行为和底线，这些方法不仅是人际交往的必要工具，更是自信和勇气的体现。

除此之外，如果遇到非健康冲突，像前面我们提到过的欺凌行为，常常会使孩子陷入困难和沮丧。那么，父母应该告诉孩子，这时候要及时向老师或者父母求助，同时父母和老师也要觉察孩子的行为变化，发现异常行为应该及时和孩子进行沟通和交流，早发现、早介入、早沟通、早处理，避免对孩子身心造成伤害。

孩子之间日常的冲突或者别扭，无论孩子是受错方还是过错方，当这件事处理结束后，家长可以引导孩子以宽容的态度看待这件事，并主动寻求机会与对方和好，千万不要陷入"谁先低头，谁就理亏"的限制性认知中。

有人说，宽容别人就是善待自己。人非圣贤，孰能无过？宽容是一种善良、一种美德，更是一种胸怀和气度。宽容不仅是给别人机会，更是给自己机会。

父母可以这样告诉孩子：谁先主动和好，其实是掌握了友谊小船的方向。也许对方早就想与你和好了，只是不好意思表达而已。

孩子之间和好的方式有很多，如主动借用东西、分享好书、一起参与集体活动、看电影、发微信给对方等。无论哪种方式，只要以宽容为根本，就应鼓励孩子自行解决彼此之间的矛盾和问题。孩子自己处理得越多，越会妥当得体。再加上父母的及时关注和帮助，一定会促使孩子的人际关系往良好的方向发展，孩子人生的路也会越走越宽广。